결혼 전에 치유받아야 할
마음의 상처와 아픔들

당신이 꿈꾸는 가정을 만들기 위하여

결혼 전에 치유받아야 할 마음의 상처와 아픔들

주서택 지음

숲이나무에게

이 책에서 제시하는 지침들은
수많은 사람들의 시행착오와
뼈를 깎는 후회
그리고
아픔을 통해 얻은 것이기에
당신에게 진정한 도움이 될 것입니다.

그들은 이렇게 말합니다.

"조금만 더 일찍 알았더라면,
우리 가정이 이렇게 되지는 않았을 텐데요."

"조금만 더 일찍 치유되었더라면,
우리 가정을 깨지는 않았을 텐데요."

"조금만 더 일찍 변화되었더라면,
우리 아이를 그렇게 만들지 않았을 텐데요."

"조금만 더 일찍 내 안에 치유와 회복이 있었더라면,
내 가족과 내 인생을 이 지경으로 만들지 않았을 텐데요."

차 례

책을 내면서   12

1장
결혼에 대한 잘못된 생각이 교정되어야 합니다.   18

운명론적 만남에 대한 기대와 환상   20
운명론과 하나님의 섭리 차이   30
결혼의 목적에 대한 교정과 바른 지침   37
성경이 말하는 결혼에 담긴 신비   44

2장
부모로 인한 상처로부터 반드시 치유되어야 합니다.   54

부모의 부정적인 부분과 배우자의 동일시   57
인간관계의 혼란   61
자녀 교육과 문제를 해결할 수 없는 미성숙함   66
대를 이어 전해지는 분노와 미움   75
부모의 부정적 삶을 재현   78
영적 성숙의 방해   82
부모로부터 이어진 상처 치유와 사랑으로 독립하는 법   85

3장
죄책감으로부터 반드시 치유되어야 합니다. 92

악령이 역사하는 통로로 작용 94
삶의 에너지를 고갈시키는 원인 97
파괴적인 생각에 빠져드는 통로 100
죄책감의 사슬을 푸는 방법 103

4장
열등의식으로부터 반드시 치유되어야 합니다. 108

자신을 사랑할 수 없고 내면의 갈등이 심함 110
사람을 구분하며 적대감에 쉽게 빠짐 113
심한 비판과 사랑할 수 없는 마음 116
교만하며 사람을 무시 118
하나님께 순종하기 어려움 121
열등의식에서 치유되고 벗어나는 방법 123

5장
성적인 상처로부터 반드시 치유되어야 합니다. 148

성폭행 피해사례 150
성폭행 피해자에게 나타나는 증상 153
성폭행 피해자의 치유와 변화 163
성령께서 온전히 치유하신다 169
성적인 상처 치유와 회복으로 가는 구체적 지침들 175
만일, 당신이 가해자라면 182

6장
성에 대한 잘못된 태도와 습관이 교정되어야 합니다. 188

잘못된 성적 습관을 갖게 된 원인 189
삶을 파괴하는 잘못된 성적 습관에서 벗어나는 방법 199

글을 마무리 하면서 214

사 례

1. 남편에게 지고는 못 살아요 | 최OO | 57
2. 나를 좋아하면 안 돼요 | 유키코상 | 61
3. 공주병에 걸린 엄마 | 채OO | 66
4. 피해자에서 가해자로 | 장OO | 75
5. 토굴 속에서 죽어가는 사람들 | 박OO | 78
6. 나의 진짜 아버지가 계셨어요 | 송OO | 89
7. 죄책감을 타고 역사하는 귀신 | 김OO | 94
8. 아버지의 죽음 앞에서 | 일본 청년 | 97
9. 나의 영정 사진 | 지OO | 100
10. 나와 내 아들의 인생까지 파괴했어요 | 다에까상 | 110
11. 잘못된 최면을 나에게 걸고 있었어요 | 박OO | 145
12. 분노와 싸우며 죽어가는 나 | 오OO | 150
13. 내 속에 괴물이 사는 것 같아요 | 김OO | 151
14. 성적 쾌락에 빠져들게 되었지만 | 최OO | 167
15. 내 아이의 죽음을 넘어 | 이OO | 170
16. 반복적인 성적 죄악에서 | 안OO | 203
17. 나를 괴롭힌 성적인 죄의 힘이 꺾이고 | 김OO | 207

책을 내면서

당신은 당신이 꿈꾸는 가정을 이룰 수 있습니다. 하지만 행복한 가정은 신데렐라의 행운처럼, 우연히 찾아오는 것이 아닙니다. 그 안을 들여다보면 행복한 가정도 그렇게 된 이유가 있고, 깨어지고 엉망이 된 가정도 그럴 만한 이유가 있음을 알 수 있습니다.

내적치유세미나에 참석했던 수많은 분이 토해 내는 이야기를 들으며 가정을 깨고 삶을 어렵게 만드는 이유가 무엇인지 보게 되었습니다. 인생의 어려움이 많이 닥친다고 해서 가정이 파괴되는 것이 아니었습니다. 역경을 만날지라도 오히려 그 파도를 통해 더욱 건강한 가정을 만드는 기회가 될 수 있습니다.

가정을 파괴하고 가족 관계를 깨뜨리는 근본적 이유는 외면적인 것이 아니라 심층적·내면적 요인이었으며, 그 요인은 대부분 결혼 전에 이미 마음 안에 있었습니다. 즉 보이지 않는 약한 마음으로 두 사람이 출발한 것입니다. 약한 두 사람이 서로에게서 도움을 받고자 하나 오히려 더 깊은 고통을 서로에게 줄 뿐입니다. 그러므로 이 연약한 부분은 결혼 전에 반드시 치유되어야 합니다.

　세상의 어느 신랑 신부가 결혼식장에서 상대를 바라보고 나는 너에게 평생 바가지를 긁어 댈 것이며, 마음에 들지 않는 부분이 보이기만 하면 가만두지 않고 반드시 너를 개조시키고 말겠다는 생각을 하겠습니까? 또, 밖에서 화가 날 때마다 너를 샌드백으로 삼아서 모든 화풀이를 너에게 하겠다고 계획하겠으며, 아이를 낳으면 아이가 귀찮게 할 때마다 공포에 질리도록 때리겠다고 결심하겠습니까?

　이러한 일들은 잘못된 만남 속에서만 이루어지는 모습이며, 하나님께서 인도하시는 만남에서는 일어날 리가 없다고 믿으며 결혼서약을 합니다. 하지만 서로의 굳은 서약에도 불구하고 너무나 많은 가정 안에서 이런 모습이 벌어지고 있습니다.

　이십여 년 동안 수많은 이들의 상담과 사례를 통하여 가족 간의 관계를 단절시키고, 가정을 파괴하는 근본적인 문제 여섯 가지를 선정하고 이에 대한 구체적 사례와 자세한 해결책을 제시하였습니다.

　가정이 깨어지면 우리는 갈 곳이 없게 됩니다. 날은 어두워지는데 돌아갈 곳 없는 버림받은 아이들이 오늘도 거리를 헤매고 죄악 속에 빠져 신음하고 있습니다.

　결혼식은 순간이기에 모든 결점을 하얀 드레스 속에 감출 수 있겠지만, 길고 긴 결혼생활에서는 언제까지나 마음에 담긴 상처가 숨겨지고 포장될 수는 없습니다. 반드시 상대와 자신에게 고통을 주는 씨앗이 되기 때문에 치유와 회복의 과정이 필요합니다.

당신이 순간의 결혼식을 위하여 몸을 가꾸듯이 영원한 관계를 위하여 속사람을 치유하고 가꾸시기를 바랍니다.

주께서 이 글을 읽는 당신을 축복하시기를….

주서행

이 책에 자신의 사례를 공개할 수 있도록 허락하신 분들께 감사를 드립니다.

아무리 아름답게 꾸민

신혼집일지라도

당신 마음이 괴롭다면

그곳은 편안한 안식처가 되지 못합니다.

당신이 결혼에 대하여 가장 현명하고

적극적인 준비를 하고 싶다면

그것은 바로

당신 내면의 상처를 치유하여

건강한 마음이 되는 것입니다.

1장

결혼에 대한 잘못된 생각이 교정되어야 합니다

결혼에 대한 잘못된 생각이 교정되어야 합니다

생각이란 설계도와 같습니다. 설계도에 따라 집을 지어가듯이, 우리의 생각에 따라 인생의 집이 만들어집니다. 많은 사람이 공들여 아름다운 결혼식을 치르고 야외에서 천생배필처럼 비디오를 찍습니다. 그러나 작은 바람에도 가정이 쉽게 흔들리는 것은 처음부터 잘못된 생각, 즉 잘못된 설계도를 가지고 가정이란 집을 짓기 시작했기 때문입니다.

어떤 사람이 무슨 생각을 하든지 그것은 본인의 권리입니다. 하지만 내 머릿속의 생각이 결국 모래 위의 집을 지을 수도 있고 반석 위의 집을 지을 수도 있다면 바른 생각을 한다는 것이 얼마나 중요한 일인지 자각하게 됩니다.

그렇다면 결혼에 대한 바른 가르침, 우리는 그것을 어디에서 얻어야 합니까? 당연히 결혼이란 제도를 만드신 분에게서 얻어야 할 것입니다.

몇 가지 잘못된 결혼관에 대한 사례를 살펴보겠습니다. 당신 안에는 결혼에 대하여 어떤 생각들이 자리 잡고 있는지 점검해

보십시오. 그리고 결혼을 만드신 하나님 말씀의 바른 결혼 설계로 변경을 시도하십시오. 설계가 변경되지 않으면 건강하고 아름다운 결혼 건축은 완성될 수 없습니다.

운명론적 만남에 대한 기대와 환상

이성의 만남과 결혼에 대하여 청년들이 가지고 있는 믿음 중 하나가, 잃어버린 나의 반쪽이 있다는 생각입니다. 하지만 운명론적 만남에 대한 지나친 기대와 환상은 오히려, 사람을 바르게 보지 못하는 어리석음에 빠지게 합니다. 또한, 결혼 후에 부부관계에서도 많은 혼란을 가져오게 합니다.

1) 감정이 만들어내는 혼란

마흔이 갓 넘은 평범한 부부가 있었습니다. 두 사람 모두 열심히 살아가면서 가정과 사회에서도 이제 안정된 생활을 꾸려가고 있었습니다. 그런데 어느 날, 이 가정에 바람이 불기 시작했습니다. 남편이 어떤 여자를 우연히 만난 순간부터 수년 동안 느껴보지 못한 설렘과 강하게 끌리는 마음을 느낀 것입니다. 남편은 분명히 아내를 사랑한다고 생각했는데 새로운 여자에 대한 감정이 너무도 강했습니다. 그리고 '내가 만났어야 할 운명적인 상대가 이 사람이 아니었나?' 하는 혼란에 빠졌습니다. 생애 처음으로 느끼는 사랑의 감정이라는 생각과 함께 너무 늦게 만났다고 괴로워했습니다. 그리고 이 여자와 헤어지면 이런 사랑은 영원히 다시 오지 않을 거라고 생각하게 되었습니다.

이 남편은 자신의 감정이 잘못된 것으로 생각하기보다는 오히려 순수하고 지고한 운명의 만남 때문에 괴롭다고 착각합니다. 이러한 감정은 과연 신이 정해준 운명적 짝이기 때문에 생기는 느낌일까요?

선교단체에서 사역하고 있던 한 형제가 결혼 상대의 만남을 위해 기도하던 중에 한 자매를 만났습니다. 두 사람은 결혼을 생각하고 교제하였으며 그 사실을 책임 리더 목사에게도 알렸습니다. 형제는 이 자매가 하나님께서 자기에게 주신 자매라고 주변 사람에게 수차례 간증도 하였습니다. 그런데 어느 날, 이 형제는 신입생 환영회에서 새로운 자매를 보게 되었습니다. 모임에서 지도를 맡게 되면서 그 자매를 만나고 형제는 큰 혼란에 빠졌습니다. 너무나 강한 감정적 끌림을 느낀 것입니다. 형제는 이미 사귀고 있던 자매가 아니라, 새로운 자매가 자신의 운명적 짝이 아닌가 생각하게 되었습니다

위의 두 사례자는 모두 자신의 감정을 운명적 만남으로 해석합니다. 하지만 우리의 감정은 바른 판단 기준이 아닙니다.

인간의 마음은 모든 만물보다 가장 심각하게 부패했기 때문입니다(렘 17:9). 마음이 부패하면서 인간의 감정 또한 부패했기에 바른 척도로 삼을 수 없습니다. 감정은 하나님의 속성을

닮은 것입니다. 하나님도 감정을 가지셨기에 인간 안에 감정을 만드실 수 있었습니다. 하나님께서 처음 만드신 인간의 감정과 지금 인간 안에 있는 감정은 엄청난 차이가 있습니다. 하나님의 형상을 닮아 만들어진 감정은 악을 보면서 기뻐하는 감정이 결코 만들어질 수 없습니다.

하지만 타락한 사람의 감정은 악하고, 잔인한 것을 보면서 즐거움과 시원함을 느낍니다. 폭력과 살인을 보면서, 악을 보면서 재미를 느낍니다. 그러기에 이러한 주제로 영화나 드라마를 만들고 게임을 만듭니다. 만일, 사람들에게 인기가 없다면 이익이 되지 않기에 이런 내용으로 만들지 않을 것입니다. 이렇듯, 인간의 감정은 선보다는 악을 더 기뻐하는 지경까지 타락하였습니다. 심지어는 남자가 남자에게, 여자가 여자에게 성욕과 사랑을 느끼는 성 정체성 혼란까지 가져오게 되었습니다.

사람은 총체적인 치유가 필요합니다.

특히 인간의 감정은 병이 들어서 더욱더 치유가 필요합니다. 그런데 병든 감정을 어떻게 선택의 척도로 사용할 수가 있겠습니까! 감정이 강하게 흐른다고 그것을 어떻게 운명론적 만남이라는 말로 합리화시킬 수 있습니까! 결코, 아닙니다. 영화 속에서 보이는 모든 러브 스토리의 출발은 운명론적 만남을 강하게 주장합니다. 이것은 보는 이의 가슴을 설레게 하고 감동의 눈물을 흘리게 할 수는 있지만, 때로는 모든 죄악을 합리화시키는 확실한 근거를 제공하기도 합니다. 순수한 사랑과 건강하지 못한 감정의 변덕은 다릅니다.

2) 혼란을 부르는 지나친 영적 해석

운명론적 만남을 신봉할 경우에는 초자연적 사인을 기다리게 됩니다. 그래서 우연한 일들을 너무 초자연적으로 해석하여 속을 수가 있습니다.

한 학생의 고민을 들어봅니다.

"전 모든 게 너무 혼란스러워요. 그 애를 만났을 때 정말 하나님의 뜻이라는 생각이 들었어요. 같은 교회에서 일하게 되었는데 우연이라고 하기에는 너무 이상한 일들이 그 친구와 저 사이에 있었거든요. 그런데 동아리에 새로운 후배가 들어왔어요. 그 후배를 처음 볼 때부터 저도 어찌할 수 없이 자꾸만 마음이 가는 거예요. 그리고 제 친구에게는 급속도로 마음이 식어버리는데 저 자신도 놀랄 정도였어요. 하나님이 제 마음을 이렇게 만드신 게 아닌가 싶더라고요.

저는 제 친구와의 만남이 하나님 뜻이라고 생각했는데 이제는 혼란스러워요. 하나님이 후배를 보내주신 것인지, 아니면 하나님이 저를 시험하는 것인지 모르겠어요. 지금은 친구와 일단 헤어진 상태예요. 후배와도 아직 사귀고 있지 않아요 제가 저를 믿을 수가 없고 하나님의 뜻도 알 수 없기 때문이에요. 하나님이 저에게 주신 자매를 어떻게 알아볼 수 있을까요? 아직 저의 짝을 만나지 못해서 그러는 걸까요?"

이 학생은 왜 이런 혼란에 빠지게 된 것일까요? 학생은 만남에 대하여 운명적으로 혹은 너무 초자연적인 기대로 접근하였습니다. 그것이 하나님의 뜻을 구하는 바른 태도이며, 하나님을 의지하는 바른 태도라고 오해할 수도 있습니다. 그러나 학생이 하나님께 구하는 결혼에 대한 질문은 오직 한 가지입니다.

'어떤 자매가 내가 결혼할 대상입니까? 빨리 알려주셔서 사귀게 해주십시오.' 하지만 이 학생에게는 결혼에 대한 바른 가르침이 필요합니다. 자신이 꾸미고 싶은 가정과 하나님이 원하시는 가정의 차이점을 알아야 합니다. 바른 결혼관이 세워지기도 전에 결혼 상대에게만 집착할 때 많은 오류를 범하게 됩니다. 그런데 결혼 상대자를 구해 달라고 수십 가지의 기도 목록을 적게 하고 기도하게 하는 이성 교제 강좌는 참으로 부끄러운 모습입니다.

청년마다 가지고 있는 수십 가지 목록을 펼쳐 보면 어떨까요? 신앙 좋고, 학벌 좋고, 인물 좋고, 성격 좋고, 집안 좋고, 형제 단출하고, 유머 많고, 건강 좋고…. 믿지 않는 사람의 소원과 다른 것이 없습니다. 안타깝게도 이 목록대로 본다면 예수님은 도저히 순위에 못 드실 것입니다. 학벌 나쁘고, 인물 나쁘고, 형제 많으시지 않습니까? 이것이 과연 결혼에 대한 바른 기도일까요? 그래서 신앙 좋은(?) 자매들이 결혼을 못 하는 것은 아닌지요? 욕심을 이루기 위한 기도가 아닌지 분별해 보아야 할 것입니다.

3) 운명적인 만남에 대한 신봉은 현실 적응을 어렵게 한다.

두 아이를 둔 차00는 결혼 전에 세 친구가 있었습니다. 셋은 어디든지 몰려다니고 무슨 일이든지 함께 하였습니다. 세 사람은 운명적 만남의 신봉자였습니다. 모두 '필이 오는 사람을 만나기 전까지는 절대 결혼할 수 없다'라는 결혼관을 가지고 있었는데, 어느 날 충격적인 말을 듣게 되었습니다.

두 친구 모두 평범한 남자와 이미 결혼날짜를 잡아 놓은 것이었습니다. 차00는 완전히 배신당한 느낌이었습니다. 그러던 중에 중매가 들어왔습니다.

차00는 '어떤 인간이든지 만나서 친구들보다 먼저 결혼을 해 버리겠다'고 마음먹었습니다. 그리고 정말 그렇게 했습니다. 하지만 결혼한 그때부터 후회는 시작되었습니다. 자신이 큰 실수를 했다는 느낌, 자기 짝이 아닌 사람과 결혼했다는 생각으로 신혼여행 때부터 악몽에 시달리기 시작했습니다. 그렇지만 그런대로 결혼생활은 지속되었고 두 아이가 태어났습니다.

그러나 차00의 마음 안에 있는 허전함은 채워지지 않았습니다. 자신은 헛살고 있다는 생각이 언제나 마음 한쪽을 잡고 놓지 않았습니다. '닥터 지바고'를 볼 때마다 차00는 눈물을 바가지로 흘렸습니다. 아내에게 돌아가야 하는 지바고의 고통이 자신의 고통이라고 생각했기 때문이었습니다.

그리고 아이들에게 말합니다

"너희는 엄마같이 살면 안 돼! 단 하루를 살아도 좋으니 운명적인 사람을 만나야 해."

차00의 삶을 어떻게 생각하십니까?

과연 그의 확신대로 만나야 할 운명적인 사람이 아니어서 마음의 허전함이 채워지지 않는 것일까요?

그렇다면 반대로 하나님이 주신 나의 반쪽이라는 확신 속에 결혼식을 올린 조00의 경우를 보겠습니다.

두 사람은 교회 대학부 모임에서 처음 본 날부터 사랑에 빠졌습니다. 이들을 보는 사람마다 정말 잘 어울린다고 칭찬했고, 대학부 청년들도 두 사람 같은 연애를 하고 싶어 했습니다. 그리고 부모님의 축복 속에 두 사람이 가르치는 유년부 아이들의 축복송을 들으며 결혼식을 올렸습니다. 목사님의 주례를 들으며 참으로 내 살 중의 살이요 뼈 중의 뼈인 상대방에게 잘해 주어야지, 좋은 남편 좋은 아내가 되어야지 결심하며 축복기도를 받았습니다.

두 사람의 결혼생활은 어떻게 진행될까요?
어느 날 조00는 남편의 소지품에서 작은 카드 한 장을 발견했습니다.

'선배님은 항상 저를 받아주는 큰 나무예요.'
'선배님의 나무 위에 앉아있는 작은 새 올림'

"당신 이게 뭐야?"
"그게 어쨌다는 거야?"
"무엇을 받아주었기에 항상 저를 받아주는 큰 나무냐고?"
"뭐? 당신 지금 무슨 말 하는 거야? 그 애가 자기 부모님과 너무 갈등이 심해서 고민을 들어 주었을 뿐이야. 그 애가 누구하고도 이야기 나누지 않잖아. 그런데 나에게 모든 문제를 털어놓는 거야. 겉으로 보기에는 부러울 것 없이 예쁜 부잣집 외동딸이지만, 너무너무 외로운 아이야."

그런데 어느 날, 조00는 남편과 그 아이의 통화 내용을 듣게 되었습니다.

"잊지 마! 내가 항상 너의 곁에 있다는 것 말이야."

조00는 정신이 아득해졌습니다.

'이 말은 바로 나에게 했던 대사 아냐? 오직 내게만 하는 말인 줄 알았는데…. 이 사람 아무에게나 이런 말 하는 사람이었어?'

처음으로 조00는 이런 남편이 정말 자기가 만나야 할 그 반쪽이었나? 하는 생각과 함께, 어쩌면 남편의 말재간에 속아 넘어가 지금까지 착각 속에 사는 것은 아닌가? 하는 의심이 생기기 시작했습니다.

생각해 보니 결혼 후 남편은 교회 대학부에서 본 모습과는 많이 달라 보였습니다. 여전히 교회생활은 열심이었지만, 집에서는 기도도 하지 않고, 성경은 더더욱 읽지 않으며, 날마다 새벽 2시가 넘도록 비디오를 보는 것이었습니다. 조00가 예상한 가정의 모습인, 두 사람이 손잡고 기도하며 잠자리에 든 적은 거의 없었습니다. 갑자기 모든 것이 다 속임수처럼 생각되었고 친성엄마의 말이 귓전을 때렸습니다.

"내가 평생을 너의 아버지에게 속고 살아왔다. 부잣집인 줄 알고 왔더니 집만 덩그러니 있지, 속은 다 빼먹은 빈털터리요, 숫총각인 줄 알았더니 벌써 숨겨놓은 자식이 있어서 결혼식 끝나고 턱 데려오니 내가 어떻게 하겠느냐? 너는 속지 마라, 속지 마. 못난 어미처럼 살지 마!"

그리고 자신 역시 속은 것은 아닌가 하는 절망감이 조00의 마음을 무겁게 눌렀습니다.

많은 사람이 하나님께서 주신 짝을 그렇게 원하는 이유가 무엇일까요? 운명적 만남을 만들어 줄 것이라고 믿는 환상 때문은 아닐까요?

운명적 만남을 강조하는 러브 스토리는 주로 최고로 감격스러운 두 사람의 아름다운 모습으로 영화의 막을 내립니다. 그 후 그들이 어떤 결혼생활을 했을지는 보는 이들의 상상에 맡겨집니다. 영화를 본 사람들의 머릿속에는 아름다운 사랑의 장면만이 남아 있습니다. 그래서 그들이 결혼생활에서 싸우고, 아이 때문에 힘들어하고, 작은 일에 갈등하고, 결혼을 후회하고…. 이런 모습은 상상하기 어렵습니다.

그저 계속해서 서로에게 반해 있고, 즐겁게 놀러 다니며, 언제나 마주 보며 차를 마시고, 지저분해진 모습은 평생 볼 수 없고, 잠에서 깨어나면 깨끗한 앞치마에 아름다운 미소로 기다리는 아내를 상상합니다. 또 남편은 가끔 한아름 꽃을 사다 바치고, 여기에 하나님이 주신 남편이라는 점을 덧붙이면 아침 일찍 일어나 성경을 보며 무엇을 해도 너그럽게 안아 줍니다. 밖에서는 자신감이고 안에서는 따뜻한 남자…. 머릿속에 지저분한 생각 따위는 발붙일 곳 없이 항상 경건한 생활 등의 상상이 이어집니다.

운명적 만남은 실패가 없을 것이라고 확신합니다. 하지만 잘못된 환상에 불과합니다. 기대하는 것은 좋으나 현실과 거리가 먼 기대는 환상입니다. 환상은 사실이 아니기에 내려놓아야 합니다. 현실과 거리가 먼 허구에 잡혀 있을 때 정상적인 상황임에도 불구하고 모든 것이 문제로 보입니다. 작은 문제라도 발생하면 문제를 해결하려고 고민하기보다는 문제가 발생했다는 것 자체에 더 괴로워하게 됩니다.

 행복하고 아름다운 가정을 위하여 우리는 진줏빛 영롱한 환상이 아닌 바른 현실감을 가지고 직면해야 합니다. 그래야만 일어나는 문제에 당황하지 않고 바르게 극복해 나갈 수 있습니다.

운명론과 하나님의 섭리 차이

    첫째, 만남은 분명히 하나님이 주관하시는 섭리 속에서 이루어집니다. 하지만 이것은 운명론과는 다릅니다.
    창세기에 아름다운 두 청춘 남녀의 만남이 있습니다. 바로 이삭과 리브가의 만남입니다. 아브라함은 가나안 땅에서 며느리를 구하지 않기로 하였습니다. 이 결정은 쉬운 것이 아니었습니다.
    이삭은 사십 세가 되어서야 멀고 먼 고향에서 온 리브가와 혼인할 수 있었습니다. 이것은 이삭이 리브가를 만나기 전까지 어느 여자에게도 사랑의 감정을 느끼지 못해서였을까요? 그러다가 리브가를 보는 순간 운명적 사랑을 하게 되었을까요? 이삭은 대부호의 아들이었고, 육체적·정신적으로도 매우 건강한 청년이었습니다. 더구나 어머니인 사라의 죽음으로 더욱 쓸쓸했습니다. 그런 그가 어떻게 사십 세가 될 때까지 가나안 여자들과 사랑에 빠지지 않고 자신을 지킬 수 있었을까요?
    이삭이 그럴 수 있었던 것은 아버지 아브라함으로부터 결혼에 대한 바른 가르침을 들었기 때문이라고 생각합니다. 왜 가나안 여자와 결혼해서는 안 되는지, 결혼이 어떠한 의미를 지니는지에 대하여 교육받았기에 청년 시절의 정욕과 감정을 다스릴 수 있었을 것입니다. 이삭도 아브라함처럼, 하나님 뜻대로 살기를 스스로 결정하고 자신의 행동과 감정을 용기 있게 선택하여 나아갔을 것입니다. 하나님께서 리브가가 아닌 다른 여자를 인도하셨더라도 이삭은 그를 깊이 사랑했을 것입니다. 그렇게 하기로 스스로 선택했기 때문입니다.

성경은 우리의 형질이 모태에서 아직 이루어지기도 전에, 하나님께서 우리 인생의 모든 날을 다 기록하였다고 말씀하십니다.

주께서 내 장부를 지으시며 나의 모태에서 나를 조직하셨나이다 (시 139:13).

이 의미는 우리가 무슨 짓을 해도 결국 하나님이 원하시는 대로 인생이 만들어진다는 것이 아닙니다. 하나님은 원하시지만, 하나님의 소원대로 이루어지지 않는 인생이 더 많습니다. 하나님이 어떤 사람에게 지옥 가기를 소원하고 만드셨겠습니까? 하나님은 모든 사람이 다 구원받기를 바라신다(딤전 2:4)고 하셨습니다. 성경은 하나님의 뜻을 분명히 보여 줍니다. 그런데 지옥이 있다는 것은 하나님의 뜻이 이루어지지 않았음을 말하는 것입니다.

하나님은 당신 삶을 위한 놀라운 계획을 분명히 가지고 당신을 창조하셨습니다. 그러나 그 계획은 당신의 협조가 있어야만 온전하게 이루어집니다. 이것은 하나님의 능력 제한이 아니라, 그만큼 우리에게 주신 자유 의지가 놀라운 것임을 의미합니다.

또한, 우리를 인격적으로 대하시는 하나님임을 보여주고 우리의 선택이 신중해야 함을 의미합니다.

둘째, 만남을 인도하시는 하나님의 주권을 신뢰하고, 하나님이 주신 건강한 이성을 잘 사용해야 합니다.

운명적인 짝에 대한 집착은 건전한 이성 교제와 만남에 별로 도움이 되지 않습니다. 전도할 때 이 사람이 구원받기로 예정된 사람이냐, 아니냐의 판가름에 먼저 집착하는 것이 전도에 도움이 되지 않는 것과 마찬가지입니다. 전도에 대한 바른 역할 분담에서 우리가 할 일은 복음을 전하는 것이고 그 결과는 주님에게 맡기는 것입니다. 마찬가지로 만남에서도 우리 삶에 대한 하나님의 주권을 신뢰하되 우리에게 주신 분별과 선택의 권리를 잘 사용해야 합니다.

놀라운 일은 만남에 대한 운명론적 태도가 하나님의 주권을 신뢰하는 믿음과는 별 관계가 없다는 사실입니다. 즉 운명론적 만남을 강조하는 것은 신에 대한 믿음이라기보다는 내 인생은 조물주에 의해서 운명 지어졌다는 것입니다. 그리고 내가 할 일은 창의적인 선택보다는 그저 그 운명에 따르는 것일 뿐이라는 비기독교적 인생관입니다.

이러한 사고를 하는 사람은 인간의 만남을 주관하신 하나님께는 정작 아무 관심이 없습니다. 오직, 만남 자체에만 집중하며 만남의 과정도 신비적이고, 우연적인 방법을 따르려고 합니다. 현실의 삶이 힘들고 아플수록 나의 반쪽에 대한 환상은 비약됩니다.

만나기만 하면 전기가 통하고 완전한 하나가 될 것으로 생각합니다. 그래서 지금까지 내 안에 있던 외로움, 약함, 이해받지 못함, 성적 욕구 등의 모든 것이 충족될 것이라는 기대를 키워 갑니다. 이러한 상상이 아름답게 보일지 모르지만, 절대 이루어질 수 없습니다. 작은 마찰에도 깨어질 수밖에 없는 환상입니다.

가장 바람직하고 건강한 마음은 오직 짝에 대한 만남에만 집중하는 것이 아닙니다. 내 인생 전체에 대한 하나님의 인도하심을 믿는 것입니다. 내 인생 전체 안에서 나의 의견을 존중하여 나의 기도에 응답하면서도 그분의 계획에 따라 만들어 가시는 우리의 인생 전체를 보아야 합니다. 내 개인적인 의견은 아무것도 없고 무엇이든지 '하나님 마음대로 하시오'하는 것이 하나님 뜻을 이루는 인생이 아닙니다. 기도로 내가 원하는 모든 것을 관철하여 내 인생을 만들어 갈 수 있는 것도 아닙니다.

우리 인생은 하나님의 주권 그리고 나의 선택과 책임, 이것이 사랑의 관계 속에서 조화될 때 가장 아름다운 결과를 만들어 냅니다. 결혼 상대의 만남 또한 하나님의 주권에 속하면서도 한 인간의 선택이 작용하는 것입니다. 그러므로 당신이 어떤 사람을 만났을 때 그 사람이(물론 그리스도인 중에서) 하나님이 주신 사람인지, 아닌지에 대하여 초자연적 계시를 구하는 것에 너무 마음을 쏟지 말아야 합니다.

당신 인생 전체에 대한 하나님의 인도하심을 신뢰하고 있다면 일단 그 만남을 하나님이 주신 만남으로 보아야 합니다. 그리고 어떤 사람인지 함께 알아가는 시간을 가져서 스스로 바르게 선택할 수 있는 자료를 많이 확보해야 합니다. 상대가 어떤 사고를 하는지, 어떤 가정환경 속에서 성장했는지, 약점과 강점은 무엇인지, 어떤 성향인지 등을 파악하여 서로를 알고, 이해하는 시간을 가져야 합니다. 그리고 결혼식을 올린 후에는 이 사람이 내 운명이며 하나님께서 나에게 주신 사람이라고 100% 믿기로 해야 합니다. 이것이 바른 태도입니다.

이삭과 리브가의 만남의 핵심은 이삭이 자기 인생 전체에 대한 하나님의 인도하심을 신뢰하는 믿음이 있었다는 것입니다.

이삭이 리브가를 아내로 맞은 것은 아버지가 리브가를 데려 왔기에 아무 생각 없이, 꼭두각시 같은 행동으로 무조건 맞아들인 것이 아닙니다. 아버지 아브라함으로부터 배운 바른 결혼관에 동의하고 따르기로 선택했기 때문입니다. 그런 마음 안에서 결혼을 하나님께 맡길 수가 있었고 리브가가 오기 전에 이미 아내로 받아들이는 마음의 결정을 했을 것입니다.

이삭은 아버지가 하나님을 완전히 신뢰하는 것처럼, 그도 하나님을 신뢰하였습니다. 자신의 개성과 취향을 하나님이 아신다고 신뢰했을 것이며, 그 신뢰는 실망으로 끝나지 않았습니다. 이삭은 리브가를 본 순간 감탄했고 사랑하였습니다. 성경은 이삭이 리브가를 보고 얼마나 기뻐했는지를 기록하고 있습니다.

> 이삭이 리브가를 인도하여 모친 사라의 장막으로 들이고 그를 취하여 아내를 삼고 사랑하였으니 이삭이 모친 상사 후에 위로를 얻었더라 (창 24:67).

하나님의 사람들은 그래서 하나님의 신실하심을 찬양합니다.

하나님 한 번도 나를 실망시킨 적 없으시고 언제나 공평과 은혜로 나를 지키셨네. 오 신실하신 주, 오 신실하신 주, 내 너를 떠나지도 않으리라. 내 너를 버리지도 않으리라. 약속하셨던 주님 그 약속을 지키사 이후로도 영원토록 나를 지키시리라 확신하네.

셋째, 하나님께서 주관하신 만남일지라도 행복한 가정은 저절로 이루어지지 않습니다.

행복한 가정은 만들어 가는 것입니다. 완전한 만남 같은 리브가와 이삭의 결혼생활을 계속 들여다봅시다.

아브라함과 하나님의 축복으로 이루어진 만남이었지만, 두 사람 관계는 완전히 좋았다고 보이지는 않습니다. 두 사람 사이에는 심한 의견 차이가 있었습니다. 이삭은 두 자녀에 대하여 말씀하신 하나님의 태중 예언을 무시했습니다. 분명 하나님은 큰 자가 작은 자를 섬기리라고 하셨지만, 이삭은 무시하고 장남인 '에서'에게 장자권을 주려고 하였습니다. 리브가는 이러한 이삭을, 사라가 남편인 아브라함을 완전히 따르는 것처럼, 믿고 존경하지 않았습니다. 남편이 잘못 결정한 것으로 생각했기에 남편을 속여 일을 만들어 버립니다. 하나님이 택하신 남편이 왜 저럴까? 하면서 말입니다. 이삭 또한 자신을 속인 야곱의 배후에 리브가가 있었다는 것을 알고 '하나님이 주신 여자가 왜 저럴까? 저 여자가 이 가정을 망치는구나!' 하고 탄식했을지도 모릅니다.

이는 '내 살 중의 살이요 뼈 중의 뼈'라고 고백했던 아담이 문제가 생기자 바로 이 여자 때문에 내가 망했다고 이브를 고발하는 것과 같습니다. 온 우주에서 가장 완전하게 만난 에덴동산의 아담과 이브처럼, 하나님의 드라마 같은 섭리 속에서 아무리 훌륭한 남자, 천사 같은 여자를 만났다 할지라도 아름다운 가정을 만들기 위해서는 수많은 갈등과 조정 과정을 거쳐야 합니다. 끊임없는 서로의 노력이 필요합니다.

진정한 내 짝이 아닌 사람과 결혼했기에 문제가 생기는 것이 아닙니다. 서로 다른 두 사람이기에 필연적으로 갈등이 있을 수밖에 없다는 것을 인정하고 가시밭길을 헤쳐나가야 합니다. 이러한 사실을 당연한 것으로 받아들인다면 갈등 자체를 객관적으로 정확히 바라볼 수 있는 눈이 생길 것입니다. 그럴 때 문제의 해결책도 더 쉽게 찾아낼 수 있습니다. 갈등의 폭을 줄이고 아름다운 사랑의 관계를 유지하는 힘은 운명적 만남에서 오는 것이 아닙니다. 두 사람이 가정을 지키고자 하는 노력과 성숙 그리고 책임의식 정도에 달려 있음을 기억하십시오.

결혼의 목적에 대한 고정과 바른 지침

결혼생활이 파경에 이른 사람들은 말합니다.

"저는 결혼이란 단어를 생각하면 한 가지 떠오르는 장면이 있어요. 하얀 레이스가 눈부시게 빛나는 깨끗한 커튼, 창가에 안개꽃 가득한 파란 화병, 그리고 식탁 위의 과일 바구니 등 그런 장면 속의 여주인공이 되는 것이 곧 결혼이었지요.

그래서 저는 결혼하고 정말 그런 주방을 꾸며 놓았어요. 하지만 이런 아름다운 것이 저와 남편 사이에서 빚어지는 고통을 덮어 주지는 못했어요."

"나는 마치 보디가드의 주인공처럼, 나를 멋있게 지켜주는 남자를 원했어요. 그것이 결혼 준비였어요. 실제로 나는 그런 남자와 결혼했죠. 하지만 그 사람은 오로지 자기 외모에만 치장하고 친구들과 놀러 다니는 것뿐, 집안일은 전혀 신경 쓰지 않아요. 어느 때는 자기가 결혼했다는 것도 잊고 있는 사람 같아요."

"제 친구는 얼마 전에 또 자살을 기도했어요. 친구의 남편은 사업한다는 핑계로 일 년에 한두 번 집에 들어오고 외국에서 지내고 있어요. 한국에 와도 오피스텔에서 지내고 생활비만 계좌로 넣어준다고 해요. 형식적으로만 부부이지, 남남이 된 지는 이미 오래죠. 친구는 자기 결혼이 실수라고 말하지만, 제가 볼 때는 그 친구가 원하는 대로 선택한 것이라고 봐요. 친구는 항상 돈 많은 사람에게 시집간다고 했거든요. 애정이 없더라도 돈 많은 남자를 선택해서 좋은 집에서 고급 옷 실컷 입고, 공주처럼 살고 싶다고 입버릇처럼 말했거든요. 자신이 원하던 대로 결혼을 선택한 거죠. 친구는 돈이 모든 것을 만족하게 해 주지 않는다는 것을 몰랐던 거죠. 이제야 알고 저렇게 고통스러워하지만, 자신이 선택한 것이니 누구에게 책임을 넘기겠어요?"

"세상에 이럴 수가 있을까요? 전 완전히 속았어요. 제가 어떻게 사는지 아세요? 요즘은 남편에게 맞기까지 해요. 처음에는 말대꾸한다고 때리더니 이제는 그것도 아니고 자기 기분대로 때리는 것 같아요. 저를 잡으려고 작정했나 봐요. 저 어떡해요? 여기 오는데 제가 다닌 학교 근처에서 친구들과 다녔던 커피숍을 보니 미칠 것 같은 거 있죠. 내 인생이 어떻게 이처럼 될 수 있어요? 그래도 속 모르는 사람들은 부잣집에 시집간 제가 여왕 대접받으며 사는 줄 알아요. 어떡하죠? 자존심 상해 미치겠어요. 하지만 이혼할 수는 없어요. 친구들이 이런 제 꼴을 아느니 차라리 죽는 게 나아요. 얼마나 고소하다고 하겠어요? 그러잖아도 저 잘되는 것을 배 아파하는 애들인데 말이에요."

당신은 왜 결혼하려고 합니까?
결혼을 통해서 당신이 얻고자 하는 것은 무엇입니까?

위의 네 사람의 사례를 보면 자신이 목적한 대로 상대를 선택하여 결혼생활하는 것을 알 수가 있습니다. 그렇습니다. 우리는 내가 가진 목적을 이루고자 하는 열망이 있습니다. 그러기에 어떤 목적을 가지고 있느냐에 따라 결혼의 형태가 달라집니다. 이들 모두가 남편을 잘못 만나 괴롭다고 하소연하지만, 결국은 자신이 가지고 있던 결혼의 가치관대로 남편을 선택하여 가정을 만든 것입니다.

결혼에 대한 신중한 생각 없이 잘못된 결혼관이 만들어집니다. 그리고 그 결혼관에 따라 사람을 선택하게 됩니다. 사람을 통해서, 혹은 책을 통해서도 우리는 잘못된 결혼관을 갖게 됩니다. 책으로 인한 문제는 작가가 무슨 마음으로 그렇게 썼는지는 모르나 실제적 피해는 책의 내용을 받아들인 독자 자신에게 있습니다. 그렇다고 작가에게 따지며 '당신 말대로 했더니 내 인생이 이렇게 엉망이 되었다. 내 인생을 보상하라'고 할 수도 없는 일입니다.

모든 책임은 철저하게 우리 자신이 져야 하며, 그 아픔은 우리 자녀에게까지 영향을 끼친다는 것을 잊지 말아야 합니다.

한 자매의 이야기를 들어보겠습니다.
"저는 한 여성 작가가 결혼에 대해 쓴 문장 하나가 이유 없이 마음에 들었어요. 여성 작가는 이렇게 말했어요.

'결혼은 단지 동거다.' 전 교회를 다녔지만, 그 여자의 글이 잘못되었다고 생각해 본 적이 없어요. 그런데 무서운 것은 어느 날 문득 저의 가정생활을 보니까 제가 그 말대로 가정을 철저히 만들어가고 있다는 사실이었어요. 저는 남편을 단지 사회계약으로 맺어진 동거자로 생각하면서 그렇게 대하고 있더라고요. 제 의식 속에 남편은 없고 오직 저뿐이었어요. 그래서 가끔 남편이 '너는 결혼 전이나 지금이나 오직 너밖에 몰라.' 라는 말을 했을까요?"

생각이란 무서운 것입니다. 사람은 생각대로 행동하고 살아가기 때문입니다.

사람들은 어떤 목적을 가지고 결혼하려고 할까요?
- 어떤 사람은 외로워서 결혼합니다.
- 어떤 사람은 친정을 도우려고 결혼합니다.
- 어떤 사람은 집에서 탈출하려는 도피처로 결혼하려고 합니다.
- 어떤 사람은 모든 불행이 끝날 거로 생각해서 결혼합니다.
- 어떤 사람은 비자를 얻기 위해서 결혼했다고 합니다.
- 어떤 사람은 상대가 결혼하자고 해서 결혼했다고 합니다.
- 어떤 사람은 남들이 결혼하니까 결혼합니다.
- 어떤 사람은 아무것도 할 것이 없어서 결혼합니다.
- 어떤 사람은 집에 일하는 사람이 필요해서 결혼합니다.
- 어떤 사람은 나이가 들어 자기만 결혼하지 않는 것이 두려워서 결혼합니다.
- 어떤 사람은 부모에게 복수하려고 결혼했다고 합니다.

- 어떤 사람은 돈에 팔려서 결혼했다고 합니다.
- 어떤 사람은 상대가 자기 말을 잘 들어주니 결혼했다고 합니다.
- 어떤 사람은 결혼하지 않은 자기를 부모가 창피하게 생각해서 결혼했다고 합니다.
- 어떤 사람은 사업에 필요한 사람이기에 결혼했다고 합니다.
- 어떤 사람은 교회 일을 잘 도울 것 같아 결혼합니다.
- 어떤 사람은 성적 욕구를 충족하려고 결혼합니다.
- 어떤 사람은 자신의 불륜을 은폐하기 위하여 결혼합니다.

이러한 태도의 공통점이 무엇인지 아시겠지요? 모두가 자기 자신을 위하여 상대를 이용한 결혼입니다. 이러한 결혼은 반드시 문제가 발생하게 되어 있습니다.

어떤 목사 사모님의 이야기입니다.
"저는 치유에 관한 책을 수없이 읽어보았지만, 저 자신의 문제는 전혀 해결되지 않습니다. 온몸이 아프고 영혼도 엉망입니다. 남편은 저를 교회 부흥에 도움이 되기 때문에 선택했습니다. 결혼 때 분명히 그렇게 말했거든요.

우리는 정말 부부라기보다는 동역자로서 신혼 때도 오직 교회 부흥에 힘을 쏟았습니다. 임신했을 때는 너무 힘들게 일해서인지 자연유산이 되었습니다. 그때도 남편은 별로 놀라지도 않고 오히려 잘됐다며 교회가 자리를 잡을 때까지 아이 낳는 것을 늦추자고 하였습니다. 어느 정도 시간이 흘러서 교회는 부흥되었지만, 제 안에서는 서서히 이상한 증상이 나타났습니다. 그중 하나가, 남편이 교회 오는 아이들을 껴안고, 예뻐하는 모습을 보면 속에서 불이 올라옵니다. 남편도 밉고, 남편에게 안겨있는 아이들도 죽이고 싶도록 미운 생각이 듭니다. 이런 마음을 숨기느라 어느 때는 땀이 바짝바짝 나고 어지럽기까지 하며 기도 줄도 막혀버립니다.

유산된 이후로 저희에게는 아이가 없습니다. 요즘은 유산된 제 아이가 더욱 생각나서 미치도록 불쌍한 마음이 듭니다. 그런 만큼 남편이 더 증오스럽습니다. 솔직히 말씀드리면 하나님도 원망스럽습니다.

남편은 제가 귀신이 들려서 교회를 돌보지 않고 자기를 괴롭힌다고 말합니다. 시댁 식구에게도 정신이 이상하다는 말을 해서 시댁에서는 저를 정신병자 취급합니다. 전 어떻게 합니까? 이용만 당하고 버려진 것 같은 기분이 듭니다. 죽기 살기로 하나님 일만 했을 뿐인데 제가 무엇을 잘못했습니까?"

두 분의 결혼 목적은 교회 부흥이었습니다. 어쩌면 그것이 '하나님의 교회를 위해서'라는 아름다운 말로 포장되어 있을지 모릅니다. 그러나 결국은 결혼 동기가 자신의 유익을 위해 상대를 이용한 것입니다. 하나님께 배우지 않고 사람들에게 배워서 스스로 만든 결혼의 목적은 하나같이 똑같습니다. 그것은 이기심이며 모든 죄악의 뿌리입니다. 자연인 즉 성령님으로 새롭게 변화되지 않는 인간은 그리스도인일지라도 마음이 변화되지 않으면 옛 본성인 이기심을 따라 살게 됩니다. 이기심의 마지막은 서로에 대한 증오입니다.

현시대의 특징은 이기심의 극대화로 어디에서든지 추한 모습을 쉽게 찾아볼 수 있습니다. 정치 현장, 데모 현장, 학교 교육의 현장에서도 이기심과 경쟁심을 부추깁니다. 심지어는 일부 교회 지도자조차도 온갖 아름다운 말로 사람을 이용합니다. 자기의 욕심을 채우기 위하여 필요할 때 이용하고, 필요 없을 때 버리는 이기심의 현장을 만듭니다. 인간은 이기심으로 서로를 혐오하며 거칠어집니다.

당신이 이런 인생을 원하지 않는다면, 당신 이기심 충족이 아닌 하나님에게서 온 결혼관으로 결혼의 목적을 바르게 세우십시오. 목적을 바르게 세울 때, 배우자도 바르게 선택할 수 있을 것입니다. 결국, 그 가정은 하나님 모습이 나타나는 아름답고 성숙한 가정이 될 것입니다.

성경이 말하는 결혼에 담긴 신비

1) 서로의 내면적 성숙

창세기 2장 18절에 '여호와 하나님이 가라사대 사람의 독처하는 것이 좋지 못하니 내가 그를 위하여 돕는 배필을 지으리라 하시니라'라는 말씀이 있습니다. 사람들은 이 구절을 가지고 외로운 아담을 위하여 하나님이 이브를 만드셨다고 말합니다. 물론 인생을 살아갈 때, 동반자는 외로움을 달래줍니다. 하지만 결혼은 인간의 외로움만을 달래주는 것이 아닙니다. 아무리 완벽한 만남으로 맺어진 부부라 할지라도, 여전히 외로움의 공간은 남아 있게 됩니다.

이 글을 쓰고 있는 나 자신도 결혼만 하면 내 안의 모든 외로움과 고독감에서 완전히 해방되리라 생각했습니다. 그러나 인간의 외로움과 고독은 결혼으로 해결되지 않는다는 사실을 결혼 후에야 온몸으로 체험하게 되었습니다. 상대가 부족해서가 아닙니다. 마음의 공백은 사람으로 채워지지 않고 오직 하나님만이 채울 수 있기 때문입니다.

하나님이 결혼 제도를 만드신 것은 서로 의지하며 외롭지 말라는 뜻도 물론 있습니다. 그러나 그보다 훨씬 더 중요하고 고귀한 이유는 결혼관계를 통해서 서로 간에 내면의 성숙을 이루기 위한 것입니다. 우리 속사람이 처음 창조 목적처럼, 창조주 하나님의 형상을 닮아가는 것입니다.

> 우리가 다 하나님의 아들을 믿는 것과 아는 일에 하나가 되어 온전한 사람을 이루어 그리스도의 장성한 분량이 충만한데까지 이르리니 (엡 4:13).

하나님은 우리 안에 성부 하나님, 성자 예수님, 성령 하나님의 인격적 특성을 두셨습니다. 이 특성은 자라나고 온전해져 예수 그리스도의 성숙한 분량까지 성장해야 합니다. 하나님의 고귀한 인격적 형상은 완성체로 인간 안에 들어와 있는 것이 아닙니다. 마치 작은 씨앗처럼 우리 안에 있기에 자라나고 계발되어야만 합니다. 인간이 이 세상에 올 때 어른으로 태어난 것이 아니고 정자와 난자라는 한 점으로 시작되어 온전한 성인으로 자라나는 것처럼 말입니다.

인간 안에서 자라나야 하는 삼위일체 하나님의 인격적 특성은 어떤 것입니까? 창조성, 공의, 순결, 거룩, 지혜, 기타 수없는 단어로 표현되겠지만, 모든 것을 대표하는 단어는 '사랑'입니다. 하나님, 그분을 한마디로 표현하면 '사랑이시다'라고 성경은 말합니다. 사랑은 혼자서 하는 것이 아닙니다. 상대가 있는 것입니다. 관계를 통하여 사랑을 주고받으며 배워가게 됩니다.

사랑이라는 고귀한 인격적 특성을 배워가는 것, 그래서 온전하게 하나님의 형상이 자라나도록 돕는 것으로 하나님은 결혼 제도를 만드셨습니다. 그리고 가정이라는 특별한 공동체를 만드신 것입니다.

성경은 부부 관계를 교회와 그리스도의 관계로 비유합니다. 예수님이 교회를 사랑하셔서 자기 몸을 주심같이, 남편은 아내를 사랑하라고 하십니다. 이 일은 완전한 희생적 사랑인 아가페를 말합니다. 이기심을 가진 사람은 결코 할 수 없는 사랑입니다. 하나님은 부부간의 사랑이 한몸이 될 정도의 차원으로 깊어지기를 원하십니다. 부모를 떠나서 두 사람이 한몸이 되라고 하신 것은 다만 육체적 결합만이 아닌, 온전한 영육의 합일성을 의미합니다. 이것은 삼위일체 하나님이 가진 온전한 일치와 비슷한 것입니다. 우리는 이러한 일치를 이루려는 과정에서 내면의 이기심이 드러나게 되어 서로가 충돌하게 됩니다. 결국, 남편과 아내 두 사람 모두 이기심을 버리지 않으면 한몸이 되는 것은 불가능합니다.

에베소서 5장 21절의 가족 관계에 대하여 서두로 나타나는 '그리스도를 경외함으로 피차 복종하라'는 말씀은 나의 이기심을 부인하는 가장 실질적인 훈련 지침이 됩니다. 물론 독신으로 살면서도 이런 경건의 훈련이 있겠지만, 가장 강도 높고 실질적인 경건의 훈련 장소, 이기심을 버리는 훈련의 장소는 바로 가정입니다.

종교개혁을 일으킨 '마틴 루터' 역시, 자신이 죄인이라는 것을 가장 실감나게 느낀 곳은 바로 '가정'이라고 하였습니다. 그는 매우 엄격한 가톨릭교회에서 아주 철저하게 경건의 훈련을 받았습니다만, 결혼 후 '가정은 더욱 강도 높은 경건의 훈련 장소'라고 고백하였습니다.

강원도에서 만났던 경건하고 열린 마음을 가진 어느 목회자의 고백이 생각납니다.

그분은 외모가 특출하고 인격도 성숙한 분이셨는데 결혼은 아주 늦게 하셨습니다. 목사님 내외분 모두 사십이 넘은 초혼이었습니다. 나이도 지긋하시고 자기 수양을 많이 하신 분들이었습니다. 그렇지만 결혼생활을 표현하기를 하루에도 여러 번 천국과 지옥을 왔다 갔다 한다고 했습니다.

혼자 살 때는 자기 안에 있는 연약함이 드러나지 않았지만, 둘이 살 때는 자기의 약점과 죄성이 더욱 적나라하게 드러납니다. 야성적이고 듬직하고 멋있는 남자를 만나 짜릿한 사랑을 지속하기 위한 결혼이라면, 또는 매력적이며 청순한 여자를 만나 사랑에 푹 빠져 살기 위한 결혼이라면, 결혼식을 올리고 얼마 가지 않아 회의가 생길 것입니다. 그리고 부부간에 갈등이 올 때 가정은 여지없이 무너집니다.

그러나 서로를 돕고 완성해주기 위한 갈망이 깊다면, 결혼생활에서 드러나는 갈등은 오히려 주님을 알아가고, 자신을 성화시키는 기회로 받아들일 수 있습니다.

2) 하나님의 성품을 이해하는 교육 현장

하나님을 마음으로 이해할 수 있는 구체화된 교육 현장이 결혼 제도입니다. 사람의 눈으로 볼 수 없는 하나님 자신을 어떻게 인간에게 이해시켜야 하는지 고심하신 하나님께서 가진 아이디어, 그것이 바로 결혼이고 가정입니다. 만약 가족이 없었다면 '하나님은 나를 사랑하는 아버지'라는 의미를 알지 못할 것이고, 하나님을 알 수도 없을 것입니다. 아마, 우리가 천국에 대해서 알기 어려운 이유도 천국과 비유할 수 있는 것이 이 지구상에 부족하기 때문일 것입니다.

가족 관계는 하나님의 속성이 드러나는 가장 특별한 공동체입니다. 그러므로 하나님은 자신의 사랑을 가족 관계의 사랑으로 비유해서 말씀하십니다. '어머니'라는 존재의 비유를 통하여 하나님의 사랑을 막연히 생각하는 우리에게 자신의 사랑을 이해시키십니다.

> 여인이 어찌 그 젖먹는 자식을 잊겠으며 자기 태에서 난 아들을 긍휼히 여기지 않겠느냐 그들은 혹시 잊을지라도 나는 너를 잊지 아니할 것이라 (사 49:15).

물론 우리는 가정이 아닌 사회의 좋은 친구, 좋은 스승과도 많은 사랑의 관계를 맺을 수 있습니다. 하지만 서로 다른 배경을 가진 남녀가 직접 한몸을 이루어서 평생 모든 것을 공유하며 자식을 낳아 기르는 가족 관계에서 보여주는 사랑과 긍휼과 용서는 차원이 다릅니다. 자신을 희생해서라도 자식에게는 좋은 것을 주는 부모의 구체적인 사랑은 하나님을 알게 하는 살아있는 교과서가 됩니다. 자식에 대한 부모 사랑의 특징은 철저하게 헌신적입니다. 이것은 인간의 타락한 본성을 거스르는 것입니다.

우리는 하나님의 아가페 사랑을 결코 이해할 수 없지만, 부모의 사랑을 유추하여 조금이나마 짐작할 수 있습니다.

그런데 유물론적인 가치관 위에 만들어진 공산권 문화에서 자란 사람들은 하나님을 바로 이해하기가 너무 어렵습니다. 공산주의 문화는 가정의 속성을 너무도 많이 파괴하고 비성경적으로 만들기 때문입니다. 자기 아버지가 당을 비난해도 공개적으로 고발하는 것이 바르고 훌륭한 당원이라고 교육받습니다. 그런 문화권에 속한 사람이 아버지와 자녀의 사랑을 이해하기는 어려울 것입니다.

건강한 가정에서 자란 아이는 하나님을 바로 이해하는 데 큰 어려움을 겪지 않습니다. 하지만 가정이 파괴되고 부부관계가 깨어진 상태에서 자란 자녀들은 하나님에 대한 신뢰감을 형성하기 어려워합니다. 가정은 하나님을 알게 하는 가장 중요한 교육기관입니다. 하나님을 중심에 모시고 서로 간에 진정한 사랑이 흐르는 아름다운 가정은 살아있는 교과서이며, 또 다른 성경이자 결혼의 목적입니다.

3) 내게 주신 소명을 계발하는 힘을 얻는 곳

가정은 가장 신령한 학교입니다. 그리고 당신과 배우자는 그 일에 하나님의 파트너가 되는 것입니다.

> 하나님이 가라사대 우리의 형상을 따라 우리의 모양대로 우리가 사람을 만들고 그로 바다의 고기와 공중의 새와 육축과 온 땅과 땅에 기는 모든 것을 다스리게 하자 하시고 (창 1:26).

하나님은 인간을 만드시고 할 일을 분명히 주셨습니다. 그것은 하나님이 지으신 모든 것을 다스리는 일입니다. '다스린다'는 것은 히브리어 '아바드'란 말로 '일하다', '경작하다', '봉사하다'라는 의미입니다. 이것은 권세를 부리는 것과는 달리, '노동으로 참여하며 섬긴다'는 뜻입니다.

하나님은 세상을 사단에게 내어주지 않고 사람에게 주셨습니다. 하지만 인간은 자신의 사명을 제대로 감당하지 못해서 온 세상은 사단이 주인인 꼴이 되었습니다. 자연을 바르게 다스리지 못하여 온갖 공해와 기상이변과 생태계의 파괴가 일어나고 있습니다. 땅과 하늘을 나는 것 그리고 바다의 피조물을 바르게 다스리지 못함으로써 수천 종의 피조물이 멸종되고 끔찍한 모습으로 변이되고 있습니다. 결국은 인간도 동물도 살 수 없는 환경 상태가 되어 가고 있습니다.

그러므로 가정은 하나님이 주신 사명을 잘 감당하여 자연계와 사회를 섬길 수 있는 사람을 길러내는 것이 또 하나의 중요한 임무입니다. 이러한 임무를 잘 감당하며 하나님을 주인으로 모시는 가정은 사회와 자연계에 복의 근원이 됩니다.

하나님의 사명을 감당하기 위해서는 반드시 속사람의 성장이 이루어져야 합니다. 속사람은 자신의 본모습 그대로 연약하고 잘못된 부분을 내놓을 수 있는 곳에서 성장합니다. 그것은 지식 습득이 아닌, 사랑의 관계에서만 이루어지기 때문입니다. 그런데 학교나 회사는 조직의 목표나 성과 중심의 집단이기에 지식 습득의 장이 될 수 있고 훈련은 받을 수 있지만, 속사람의 성장에 도움을 주기는 어렵습니다. 속사람의 성장 없이 오직 지식습

득과 훈련으로 길들여진 인간은 이기심으로 말미암아 오히려 하나님이 주신 임무에 역행하여 세상과 사회와 그리고 자신을 파괴합니다. 높은 학벌을 가질수록, 많은 권력을 손에 쥘수록 더 크게 파괴합니다. 너무나 가공할 일입니다.

우리는 가정을 통하여 창조주 하나님으로부터 내려진 고귀한 사명을 감당하는 일꾼들을 길러내야 합니다. 사회를 정의롭게 하고 자연계를 잘 다스려서 생명이 살 수 있는 곳으로 만들어야 합니다. 이것이 가정의 중요한 목적입니다. 당신이 이런 결혼관을 받아들인다면 당신 자신을 위하여 어떤 준비를 해야 할 것인지, 그리고 어떤 사람을 배우자로 선택할 것인지 어느 정도 윤곽이 잡힐 것입니다. 스치는 느낌이 좋다거나, 사람의 배경이 좋다는 것보다 더 중요한 것이 무엇인지 마음 안에 원칙을 세워야 합니다.

> 집과 재물은 조상에게서 상속하거니와 슬기로운 아내는 여호와께로서 말미암느니라 (잠 19:14).

성경이 일러주는 삶의 원칙을 따라 걸어갈 때 결혼과 배우자에 대한 바른 분별력과 지혜가 생길 것입니다. 당신이 결혼을 준비하는 것은 미래에 태어날 당신 자녀와 또 그 자녀가 꾸려갈 가정까지, 그리고 그 가정이 속한 교회 공동체와 사회 전 영역까지 영향을 미칩니다.

당신이 행복하기를 가장 원하시는 분, 가정 제도를 만드신 주님의 축복이 이 글을 읽는 당신과 함께하시길 두 손 모읍니다.

2장

부모로 인한 상처로부터 반드시 치유되어야 합니다

부모로 인한 상처로부터 반드시 치유되어야 합니다

성경은 결혼과 함께 부모에게서 떠나라고 말씀합니다.

이러므로 사람이 부모를 떠나 그 아내와 합하여 그 둘이 한 육체가 될지니 (엡 5:31).

이 말씀 안에는 너무나 중요한 의미가 내포되어 있습니다. 만일, 결혼했음에도 불구하고 부모를 떠나지 못한 상태가 된다면 그 결혼생활은 절대로 원만할 수가 없습니다.

부모를 떠난다는 것은 무슨 의미입니까? 그리고 왜 부모를 떠나야만 합니까?

부모를 떠난다는 것은 실제로 부모와 떨어져 사는 것도 있겠지만, 그보다 더욱 중요한 것은 자녀 마음의 독립입니다. 자녀가 어른이 되었어도 부모로부터 마음이 건강하게 독립하지 못했을 때, 부모의 부정적 모습을 그대로 재현하는 삶을 살게 됩니다. 자신의 아버지가 어머니에게 대하듯이 아내를 대하며,

어머니가 자신을 대하듯이 자녀를 대하게 됩니다.

'부모가 자녀에게 해주어야 할 가장 중요한 일은 독립을 준비시키는 것이다'라고 라브리 공동체를 설립한 프란시스 쉐퍼는 말합니다.

부모는 자녀에게 자신이 원하는 인생이 아니라, 하나님께서 원하시는 자녀의 인생을 살아갈 수 있도록 해 주어야 합니다. 이것이 자녀를 독립시키는 것입니다. 인간보다 못한 짐승도 자기 새끼의 독립을 준비합니다. 새들은 새끼가 혼자서 날 수 있도록 맹렬하게 훈련시키고, 사자는 새끼가 혼자 사냥하고 사냥감을 먹을 수 있게 가르칩니다. 그 교육 과정에서 새끼가 다치거나 다른 짐승의 밥이 될 수도 있지만, 부모 된 자신이 해야 할 가장 중요한 일이 새끼를 독립시키는 일인 줄 알고 온 힘을 기울입니다.

그런데 사람은 이 의무를 중요하게 생각하지 않습니다. 자녀를 자신의 소유물로 착각하기 때문이 아닐까 싶습니다. 자녀는 부모의 소유물이 아닙니다. 모든 사람은 오직, 하나님의 소유물입니다. 하나님의 자녀입니다. 부모는 자녀에게 친부모이신 하나님을 바로 알도록 도와야 합니다. 어릴 때는 육신의 부모를 의지하고 자랐듯이, 성장한 뒤에는 하나님 아버지를 의지하고 사는 법을 가르쳐야 합니다. 만일 부모가 이 일을 해주지 못했다면 이제 자녀 스스로가 부모에게서 독립하도록 해야 합니다.

어떻게 이 일이 가능할까요?

부모에게 반항하고 멀리 떠난다고 되는 것이 아닙니다. 부모에게 받은 상처가 치유될 때 부모로부터 건강하게 독립할 수 있습니다. 건강하게 독립해야만 건강한 성인으로 성장합니다. 건강한 결혼이란 겉의 나이가 아니라, 마음의 나이가 성인이 된 두 사람의 인격적 결합입니다. 그러나 많은 사람이 결혼할 때 몸은 성인이지만, 마음은 여전히 부모에게 매달린 '성인 아이' 상태에 머물러 내용상으로는 여섯 명의 남자 여자가 뒤죽박죽으로 살아가는 모양이 됩니다.

구체적인 사례를 통하여 부모로 인한 상처로 건강하게 독립하지 못한 이들이 만드는 가정의 모습을 살펴보겠습니다.

부모의 부정적인 부분과 배우자의 동일시

사례_1
남편에게 지고는 못 살아요_ 최00

"저는 평소에는 남편에게 정말 잘해요. 하지만 의견이 다르거나 부부싸움을 할 때는 마치 죽기 살기로 끝장을 낼 것처럼 화를 내고 싸웁니다. 사실 별일이 아닌데도 한 번 의견 충돌을 일으키면 몇 날 며칠이 지나도 절대로 제 쪽에서 먼저 화해하자고 청한 적이 없어요. 이러니 가정의 분위기가 안 좋을 수밖에 없었지요. 남편은 이런 저를 이해하지 못하겠다고 하며 무섭다고 합니다. 완전히 정이 떨어져 버린다는 거예요. 남편은 제가 고집이 세서 그런 것 아니냐고 하는데 다른 일이나 다른 사람에게는 이런 모습이 나타나지 않아요.

나의 이런 사정을 교회식구나 친구들에게 얘기하면 믿지를 않습니다. 사람들은 제가 파리 새끼 하나도 못 죽일 거라고 하는데 남편에게만큼은 얼마나 잔인하고 단호해지는지요. 이런 내가 이중인격자 같은 생각이 들었어요. 나 자신도 싫고 남편과의 관계가 너무나 괴로워서 내적치유세미나에 참석하게 되었습니다.

그런데 이상하게 남편은 생각나지 않고 계속 친정아버지의 행동들이 생각나는 거예요. 지금은 연로하시고 힘도 없으신 아버지가 옛날에 저에게 했던 많은 모습이 떠올랐어요. 그 장면 속에서 내 결혼생활이 왜 이 모양인지 이유를 알게 되었습니다.

제 아버지는 권위주의 그 자체였어요. 아버지 말대로 가족들이 움직여주지 않으면 신경질을 내고 숨소리 하나도 못 내게 합니다. 그보다 더 싫었던 것은 극단적인 남녀 차별이었습니다. 우리 집에서 딸들은 다 소용없는 것들, 아무짝에도 쓸모없는 것들, 밥이나 축내는 것들 외에는 다른 말을 들어 본 적이 없어요. 그래서 저는 아버지와 정반대의 남자를 골랐어요. 무조건 아버지와 달라야 했어요. 남편은 아버지를 닮은 점이 하나도 없다는 생각이 들었지요.

결혼 후 이제는 지긋지긋한 아버지와 완전히 이별했다고 생각했는데 세미나에서 기가 막힌 사실을 깨달았어요. 언제부터인가 제 눈에 남편과 아버지가 똑같아 보이는 거예요. 그래서 남편이 저와 다른 의견을 내세우거나, 제 말을 듣지 않으면 이 사람도 아버지처럼 내가 여자이기 때문에 무시한다는 생각으로 화가 치받는 거예요. 한 번 분노가 일어나면 아무것도 보이지 않고 '절대 질 수 없어, 여자의 자리를 찾아야 해. 나는 절대 남자에게 질 수 없어.' 이런 각오로 치닫게 된 것이었어요. 이것이 바로 아버지에 대한 분노라는 것을 알았어요. 아버지에게는 한 번도 못해 본 말, 못 풀어 본 억울함을 남편에게 풀고 이겨보려고 한 것이더군요. 얼마나 남편에게 미안한지요! 제 남편은 아버지가 아닌데 내 눈에는 똑같이 보였나 봐요."

최○○의 경우처럼 사람들은 남편에게서 아버지를 보고, 아내에게서 어머니를 봅니다. 좋은 모습을 보는 것이 아니라 한결같이 가장 싫은 모습을 봅니다. 하지만 절대로 남편과 아버지는 같은 사람이 아닙니다. 똑같이 집에 늦게 들어와 늦은 저녁을 달라고 할 수 있지만, 남편과 아버지는 다르다는 것이죠. 그런데 다르게 보이지 않습니다. 그 이유는 최 씨 안에 아버지로부터 상처받은 부분의 기억이 생생하게 살아 있기 때문입니다. 마음에 심긴 부정적 기억은 왜곡된 관점을 갖게 합니다. 그래서 남편을 정확하게 보지 못하고 아버지처럼 보게 됩니다.

어린 시절에 내 마음의 눈이 만들어질 때 부모는 가장 결정적인 역할을 한 존재입니다. 그런 만큼 부모와의 관계에 따라 세상을 보는 관점, 사람들을 보는 관점이 크게 달라집니다. 그리고 이 관점은 그대로 이어져 남편을 보는 관점이 되고, 자식을 이해하는 관점이 됩니다. 어떤 부부라도 의견이 다를 수가 있습니다. 하지만 최 씨의 눈에는 '남편이 나와 다른 의견을 말하는구나!' 하고 생각하는 것이 아니라 자기를 무시하는 태도로 이해되고 '너 같은 계집애가 뭘 지껄여?'하는 소리로 들립니다. 이것은 최 씨 안에 가장 아픈 부분입니다.

아픈 부분이 건드려질 때마다 전투태세로 돌입해서 절대로 이 남자에게(이런 상태에서는 남편으로 보이지 않습니다) 지면 안 된다는 절박한 각오로 대항하게 됩니다. 이러한 태도가 바로 아버지에게서 독립하지 못했을 때 나타나는 모습입니다.

인간관계의 혼란

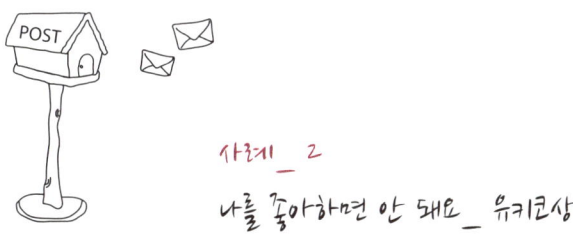

사례_2
나를 좋아하면 안 돼요_유키코상

"누구든지 나를 안아주면 끔찍하게 싫고 그 상대에게 분노까지 일어나요."

"상대가 이상한 마음을 품고 안아준다는 생각이 드는 건가요?"

"아니, 그런 게 아니고요. 제가 좋아하는 상대라도 저를 안아주는 게 싫어요. 상대방이 여자이든 남자이든 상관없이 그냥 저를 안아주면 화가 나요. 그래서 이런 마음을 숨기고 있으면 힘들어서 다리가 떨리고 땀이 나거든요. 남편이 저를 안아 줄 때는 다른 사람보다는 덜하지만, 그래도 좋지는 않아요. 제가 왜 이러는지 모르겠어요."

유키코는 결혼하고 난 후에도 직장생활을 계속하고 있었습니다. 그런데 어느 날부터인지 직장에 못 나가겠다면서 아무도 만나지 않으려는 대인 기피 현상이 생겼습니다. 유키코를 만났을 때는 이미 죽기로 작정한 것 같은 절망적인 얼굴이었습니다.

"죽고 싶은데 우리 남편이 너무 불쌍해요. 남편은 오직 나에게 매달려서 사는 사람이거든요."

이렇게 약해 보이는 유키코를 의지하고 사는 남편, 두 사람 모두 둥지 속에서 벌벌 떨고 있는 작은 새 같다는 생각이 들었습니다. 통역을 가운데 두고 하는 상담이었지만, 주님이 도와주시기를 간절히 바라며 길고 긴 이야기를 들었습니다. 이야기를 들으면서 왜 갑자기 직장을 떠날 수밖에 없었는지 알게 되었습니다. 이곳 내적치유세미나에 와서 사람들이 서로 안아주고 기도해주는 것에 왜 그토록 분노를 일으키는지 그리고 왜 대인 기피증이 심해지는지를 이해할 수 있었습니다.

유키코는 어머니와 관계에서 많은 아픔을 가진 사람이었습니다. 그녀의 어머니는 자신의 외모에 심한 열등감을 가지고 있었고 부부관계도 매우 나빴습니다. 첫 아이로 태어난 유키코는 아버지를 닮아서 아주 예뻤습니다. 보는 사람마다 '애가 누구 닮아서 이렇게 예쁘냐'고 칭찬했습니다. 이런 칭찬은 어머니를 자극했는지 노골적으로 아이에게 불쾌감을 표시했습니다. 사람들이 아이를 칭찬하고 간 뒤에는 항상 아이에게 화를 내고 "나쁜 년, 못된 년" 하면서 일을 시켰습니다. 사이가 좋지 않은 남편이 딸만큼은 애지중지하며 예뻐하는 것 역시 어머니에게는 참을 수 없는 일이었습니다.

그런 와중에 하나 있는 남동생이 교통사고로 죽게 되었습니다. 남동생은 어머니를 그대로 닮았다고 합니다. 동생이 죽고 난 후, 어머니는 모든 분노를 딸에게 쏟아 부었습니다. 결국, 이 딸은 가출하다시피 집을 나와 직장생활을 하다가 자기보다 더 약해 보이는 남자를 만나 결혼했던 것입니다.

상담실에서 기도할 때, 그녀는 자신의 내면 모습을 깨닫게 되었습니다. 잔뜩 화가 난 채 주방에서 왔다 갔다 하는 어머니 옆에서 눈치를 보며 무언가를 하려고 안절부절못하는 아이의 모습이었습니다. 그 아이는 극심한 공포에 사로잡혀 있었습니다.

"엄마가 화가 났으니 조심해야 해요."

유키코는 어머니가 있는 주방이 아닌 상담실에서 극심한 두려움을 느끼며 몸을 떨기 시작했습니다. 자신도 예상치 못한 반응이었는지 절제하려고 노력을 했지만, 공포로 떨리는 몸을 주체하지 못했습니다. 내 앞에 있는 사람은 서른살 넘은 성인이 아닌, 두려움에 떨고 있는 작은 아이였습니다.

"당신 안에 있는 아이에게도 주님이 필요합니다. 떨지만 말고 주님께 도와 달라고 말씀해보세요."

"하지만 예수님이 나를 사랑하신다는 걸 엄마가 알면 화가 나서 나를 죽이려고 할 거예요."

그녀가 다리가 후들거렸고 이마와 손에서는 땀이 가득하였습니다. 오랜 기도와 권면 끝에 그녀는 조금씩 안정을 찾았습니다. 그리고 예수님을 그 주방으로 초청할 수 있었습니다. 물론 그 주방은 지금 현재의 주방이 아니라, 그녀의 과거 속에 있던 공간이며 과거의 일을 대표하는 곳입니다. 하지만 마음속 주방에 갇힌 공포에 질린 어린아이가 그날도 그녀를 우울한 나락으로 빠트리고 있었습니다.

주님은 그녀에게 말씀하셨습니다. '내가 너에게 주는 사랑은 온 우주에 울리는 공개적인 사랑이다'고 말입니다. 그리고 그녀가 주님의 사랑을 받는다고 해도 아무도 해할 수 없음을 깊이 깨닫게 하셨습니다.

직장 동료로부터 당한 일이 왜 그녀를 결정적으로 쓰러지게 했을까요? 직장에서의 일은 바로 어린 시절에 어머니가 그녀에게 대하던 것과 똑같은 상황으로 이해되었기 때문입니다.

어머니가 그녀를 시기하고 질투했듯이 직장 동료가 시기하고 질투했습니다. 어머니가 질투하고 미워할 때 감히 어머니에게 문제가 있다고 생각할 수 없었습니다. 어머니에게 분노가 일어났지만, 문제는 자신에게 있다고 생각했습니다. 그리고 문제 있는 자신이 주위 사람을 괴롭힌다는 생각에 자신을 싫어했던 것입니다.

함께 기도가 끝난 후 그녀는 고백하였습니다.

"무엇이 나를 괴롭히는지도 모른 채 고통스러웠는데 이제는 어떻게 해야 자유로울 수 있는지 알 것 같아요."

나는 물었습니다.

"이젠 다른 사람들이 당신을 친절하게 안아줄 때 왜 불안하고 싫은지 알겠습니까?"

그녀는 고개를 끄덕이며 대답했습니다.

"누군가 나를 안아주면 그것은 그 사람이 나를 좋아하고 있다는 공개적인 표시거든요. 그런데 그렇게 하면 엄마에게 공격당하게 된다는 생각이 들었어요. 누군가 나를 안아주면 내 신변에 위험을 느끼는 거였어요. 그래서 싫었던 것 같아요."

유키코는 어머니에게 느낀 두려움을 점점 다른 사람에게도 느끼게 되었습니다. 즉, 다른 사람들도 어머니처럼 느껴진 것입니다. 문제는 자신은 이제 멀리 떠나와 어머니가 보이지 않지만, 직장 사람들은 매일 만나야 했습니다. 그들 모두가 어머니와 같은 두려움의 대상이 되면서부터 사회생활에 문제가 생기게 되었습니다.

그녀는 이를 해결하고자 성격계발 프로그램이나 다양한 치료 프로그램에 참여했지만, 공포와 두려움은 사라지지 않았습니다.

나는 그녀 내면의 모습이 어머니 앞에서 공포에 질려 드러나는 순간, 그 공포가 얼마나 강력하게 이 사람을 사로잡고 있는지를 보았습니다. 그리고 그 가여운 어린아이를 도울 방법은 어떤 것도 없음을 알았습니다. 오직 살아 계신 성령께서 직접 그 아이의 마음에 평안을 주시기 전까지 아이는 숨을 몰아쉬며 예수님을 믿는 것마저 두려워하고 있었습니다.

그녀는 그리스도인이었지만 내면 한 쪽에 이렇게 아픈 문제가 있었습니다. 어머니로부터 몸은 독립했으나 마음은 여전히 묶여 있었던 것입니다.

자녀 교육과 문제를 해결할 수 없는 미성숙함

부모의 미성숙한 인격은 자녀에게 큰 아픔과 상처를 주는 가장 근본적인 원인이 됩니다.

사례_3
공주병에 걸린 엄마_ 채○○

채○○는 젊은 나이에 이혼이라는 쓰라린 경험을 한 여자입니다. 학력과 외모는 누가 봐도 부러워할 정도였습니다. 하지만 지금 그녀는 어느 직장에서도 6개월 이상을 견디지 못하고 옮겨 다니는, 한 아이를 둔 이혼녀일 뿐이었습니다.

채 씨가 나를 보고 제일 처음 했던 말은 자기 안에 악령이 산다는 것이었습니다.

"정말이에요. 그래서 이곳 목사님과 소장님 강의 시간에 제가 은혜 받으려고 하니까 제 안의 악령이 가만히 있지 않은 거예요."

"악령이 어떻게 하는데요?"

"자리에 앉아 있을 수 없도록 답답한 마음을 주는 거지요. 화도 나고 성경도 읽기 싫게 하고…."

그녀는 악령이 무슨 일을 하는지도 모르느냐는 얼굴로 대답했습니다.

"왜 자신 안에 귀신이 있다고 단정합니까?"

"어릴 적에 제 방에서 귀신같은 것을 본 적이 있어요. 그리고 제가 외국으로 유학을 갔는데 공부를 다 못 마치고 왔어요. 그 이유는 제가 남자들과 많이 놀고 잤거든요. 나중에는 사람이 완전히 이상해지더라고요. 그래서 모든 것을 그만두고 왔어요. 이게 귀신이 제 안에서 시키는 게 아니면 뭐겠어요? 제가 남자들과 자는 것을 좋아하는 여자가 아닌데 외국에서 그런 생활을 한 거예요.

그래서 엄마가 저를 귀신 쫓는 목사님에게 데리고 갔는데 그 목사님 앞에서 제가 귀신 소리를 냈어요. 제 안에 정말 귀신이 살고 있었나 봐요."

"어떻게 이혼하게 되셨어요?"

"몰라요. 어느 날 집에 와보니 남편의 옷과 물건이 없는 거예요. 그리고 일 년 이상이나 아무 소식도 없다가 나중에 이혼 청구서를 보냈더라고요. 지금도 왜 그 사람이 나를 버렸는지 모르겠어요. 벌써 이 년이 넘었어요. 그런데 진짜 기가 막힌 것은 저희 엄마예요."

"어머니가 왜요?"

"엄마는 지금도 교회에 사위 이름으로 감사헌금을 하세요. 구역 식구들 앞에서도 우리가 아직 잘살고 있는 것처럼 거짓말을 해요. 이런 사람이 우리 엄마예요. 자기밖에 모르는 여자죠. 제 꼴이 이렇게 된 게 고소해요. 저 때문에 자기가 창피스럽다고 얼마나 애통해 한다고요."

채00는 어머니 이야기를 하면서 얼굴에 격렬한 분노를 나타냈습니다. 왜 이렇게까지 자기 어머니에게 분노를 느끼게 된 것일까요?

그녀의 어머니는 아주 부잣집 외동딸이었다고 합니다. 상대적으로 집이 가난했던 아버지는 어머니를 데리고 와서(모셔왔다고 하는 편이 낫다고 했습니다) 그야말로 공주님처럼 대우해 주었습니다. 그 '공주 어머니'가 자식을 하나 두었는데 바로 채 씨였습니다. 그런데 가세가 기울면서 집에 일하는 사람들을 둘 수가 없게 되었습니다. 어머니는 할 수 없이 집안일을 해야 했고 어린 딸의 뒤치다꺼리를 직접 해야 했습니다. 공주 어머니가 어린 딸을 키우는 것은 매우 귀찮고 힘든 일이었습니다. 그리고 시간이 흐를수록 어린 딸은 자기의 행복을 방해하는 존재로 생각되었던 것 같습니다.

그녀의 어머니는 어느 날, 어린 딸의 눈을 똑바로 들여다보며 말했습니다.

"너의 눈 속에 귀신이 들어있어. 움직이는 것이 보여"

유치원생인 아이에게 그 말은 너무나 깊은 충격이었습니다. 채 씨의 어머니는 자기를 귀찮게 하는 존재는 모두 악이었습니다.

그리고 어린 자식 역시 자기를 괴롭히는 귀신으로 서슴없이 몰아붙인 것입니다. 그런 어머니의 언행은 계속되었고, 그 말속에는 짜증과 거절감, 그리고 잘못된 신앙적 확신의 감정이 담겨 있었을 것입니다.

실제로 그 이후 어린 채 씨의 눈에는 자주 귀신이 보이기 시작했다고 합니다. 자다 보면 방구석에서 귀신이 도사리고 자기를 노려보고 있었지만, 공포에 질린 아이의 마음을 따뜻하게 감싸주고 도와주기에는 그 어머니가 너무나 어렸습니다.

"우리 엄마는 자기밖에 몰라요. 정말 얼음처럼 차가운 인간, 사람들이 자기를 치켜세워 주는 낙으로 하루하루를 살아가는 사람이에요."

문제는 채 씨의 삶이었습니다. 어머니의 이런 태도에서 자란 채 씨는 외로움이 극도에 달할 때마다 자신의 몸을 내어주는 아주 잘못된 방법으로 인간관계를 풀어가기 시작했습니다. 혼자가 되는 두려움이 너무 컸기 때문에 취한 방법이었습니다. 그러나 수많은 남자와 성관계를 하면서도 어릴 때부터 교회를 다녔기에 죄책감은 심했습니다. 죄책감이 커지면서 채 씨 안에는 하나님이 자기에게 벌을 주실 것 같은 두려움이 커졌습니다.

채OO가 자주 직장을 옮기게 된 원인은 바로 이 두려움 때문이었습니다. 그리고 그 벌은 자기 일이 잘될 때 올 것이라는 생각이 든 것입니다. 갑자기 고통스러운 일이 닥치는 것보다는 차라리 내가 먼저 이 좋은 상태를 깨자는 식의 심리가 작용한 것입니다.

"저는 직장생활을 하면서 모든 것이 잘되어 가면 너무 무서워져요. 이렇게 편안하다가 갑자기 엄청나게 안 좋은 일이 닥칠 것 같아서요. 그 기분이 너무 끔찍해서 안 좋은 일이 닥치기 전에 먼저 그만두고 말아요."

그런데 자신의 문란한 성생활과 사회 부적응 문제를 스스로 용납할 수 없게 되자 그것을 귀신 탓으로 돌리기 시작했습니다. 어머니가 걸핏하면 채 씨 안에 귀신이 있다고 몰아붙인 것처럼 채 씨도 모든 책임을 귀신에게 떠넘긴 것입니다. 그녀는 고등학생 때부터 성관계하면서도 '내 안에 귀신이 이런 짓을 시키니까 나도 어쩔 수 없어'라는 식으로 생각하고는 했습니다.

이러한 사람이 결혼하였습니다. 그리고 어떻게 결혼생활을 했는지, 남편이 왜 자기를 떠나야 했는지 전혀 모르겠다고 하였습니다. 한 가지 분명하게 보이는 태도는 어머니의 공주병을 그토록 혐오하면서도 그녀 역시 남편이 떠받들어 주기를 바란다는 것이었습니다.

"우리 엄마만 그렇게 공주같이 살라는 법이 있어요? 왜 나는 안 돼요?"

결국, 그녀에게 한 아이만 남게 되었고 가정은 파괴되었습니다. 이혼당하고 몇 개월이 지나 직장을 옮기면서부터 채 씨는 정신과 상담을 계속 받아오고 있다고 하였습니다.

"하지만 나를 구할 수 있고, 고칠 수 있는 분은 하나님밖에 없는 것 같아요."

마지막 결론처럼 채 씨가 말했습니다. 그러나 그녀의 얼굴은 하나님께 아무 기대도 없는 너무나 막막한 얼굴이었습니다.

"그 말은 분명 사실입니다. 하지만 하나님의 치유 방법은 막연하게 어느 날 찾아오는 바람 같은 것이 아닙니다. 하나님은 우리가 치유될 수 있는 구체적이고 실제적인 처방전을 주십니다."

"어떻게 그것을 받을 수 있어요?"

나는 채00가 풀어야 할 첫 번째 문제는, 어머니가 끼친 피해가 어떤 것인지를 깨닫는 것부터 시작해야 한다고 생각되었습니다. 어린 딸의 얼굴을 보면서 귀신이 보인다는 어머니의 말에서 풀려나야 할 필요가 있었습니다. 또 한 가지는 자신의 인생을 귀신에게 책임 전가하지 않고 자기 스스로 만들어 가는 것이라는 책임의식의 부재를 스스로 인식하는 것이었습니다.

"당신을 이렇게 만든 것은 누구죠? 정말 귀신이라고 생각하세요?"

"아니면 누구겠어요? 전 진짜 넘어진 적도 있어요. 우리 엄마가 저를 귀신 쫓아내는 목사님에게 데리고 갔는데 제가 귀신같이 이상한 말을 하고 뒤로 넘어졌거든요. 귀신이 있으니까 뒤로 넘어진 것 아닌가요?"

"그럼 뒤로 넘어지고 난 후 무엇이 달라졌나요? 넘어졌으면 이제는 귀신이 나갔을 것 아닙니까? 그렇다면 무언가 달라진 점이 있지 않겠습니까?"

"무엇이 달라졌나? 달라진 것은 없는데…. 하지만 제 안에 귀신이 너무 많아서 쫓아냈어도 아무 소용이 없는 것 아닌가요? 다 쫓아내지 못해서 말이에요."

"채00씨! 분명히 말씀드릴 수 있는 것은 당신이 주님을 믿는다면, 이미 당신 안에는 주님이 계십니다. 마치 세균이 우글거리듯, 귀신이 난민보호소처럼 당신 안에 사는 게 아니에요.

하지만 귀신이 당신을 유혹할 수는 있겠죠. 그러나 분명히 아셔야 할 것은 귀신은 당신 손가락 하나 건드리지 못해요.

만일, 당신이 남자와 가서는 안 될 곳으로 가서, 해서는 안 될 행동을 했다면, 그것은 당신 스스로 그렇게 한 거예요. 당신의 책임이라는 겁니다. 힘들지만 주일이면 교회를 가는 것도 당신이고 남자와 함께 자러 가는 것도 당신이에요. 아무에게도 핑계 댈 수 없습니다. 당신 어머니가 어떻게 했더라도 어머니에게 핑계 댈 수 없습니다. 최종 행동은 당신이 선택했기 때문입니다."

"그럼 저에게 어떻게 하라고요? 다 제가 잘못했다는 거예요?"

"물론이에요. 죄는 우리 자신이 짓는 것입니다. 그러니까 채00씨는 죄인인 거죠. 죄인이니까 주님의 용서가 필요한 것 아니겠어요? 저는 채00씨가 삶에 대하여 자신의 책임이라는 것을 받아들이고 또 한 가지는 바른 사실을 받아들여야 한다고 생각합니다."

"바른 사실이라니요?"

"당신의 눈 속에 귀신이 사는 것이 아니라, 예수님이 사신다는 사실이죠. 그리고 어린아이가 자꾸만 실수해서 엄마를 귀찮게 하는 것은 죄가 아니라는 사실입니다."

갑자기 무엇에 맞은 듯, 멍하게 있더니 채 씨의 뺨 위로 눈물이 그치지 않고 흘러내렸습니다.

미성숙한 어머니 그리고 아버지, 이런 가정 안에서 아이들이 받은 피해는 참으로 큽니다. 그러나 우리 중에 어느 누가 자녀를 완벽히 양육할 만큼 성숙하겠습니까만, 세상의 미물도 어린 새끼를 위해 헌신하는 부모의 희생을 보입니다. 우리가 훌륭한 부모는 못 된다 할지라도 최소한 세상의 미물이 하는 행동만큼의 태도로 출발해야 하지 않겠습니까?

그런데도 참으로 안타까운 것은 최고의 고등교육을 받은 사람이 배우자가 자신보다 자녀에게 더 많은 사랑을 준다는 이유로 화를 내고, 자녀를 질투하며, 괴롭히는 모습을 볼 때가 있습니다. 미성숙한 사람일수록 자기밖에 모릅니다. 몸은 성인이지만, 그 안에는 자기밖에 모르는 '어린아이'가 있는 어머니와 아버지, 그리고 그들이 이끌어 가는 가정! 그 안에서 아이들은 얼마나 불안할까요?

어떤 사람일지라도 주님께 배울 때 성장할 수 있습니다. 그리고 성장한 사람은 다른 사람을 자신의 성장만큼 이끌어 올릴 수 있습니다. 그런데 가장 문제가 되는 것은 미성숙한 사람일수록 자신이 미성숙하다고 생각하지 않는다는 것입니다.

이에 대해 성경은 말씀하십니다.

> 네가 스스로 지혜롭게 여기는 자를 보느냐 그보다 미련한 자에게 오히려 바랄 것이 있느니라 (잠 26:12).

상처는

본인에게 끝나지 않고

주위 사람을 상처 입힘으로

가시덤불이 뻗어 나가듯이

상처를 더욱 번지게 합니다.

대를 이어 전해지는 분노와 미움

시집살이의 설움을 호되게 당한 며느리가 훗날 시어머니가 되면, 며느리의 고통을 더 이해하는 인자한 시어머니가 될 것 같지만, 오히려 며느리를 더욱 구박한다는 사례를 많이 듣습니다. 이것은 마음의 상처를 치유하지 못해서 계속 그 상처를 다른 사람에게 전가하기 때문입니다. 치유되지 않은 상처는 본인 혼자만으로 끝나지 않습니다. 가시덤불처럼 엉켜 가족을 고통스럽게 하고 대를 이어 전해집니다.

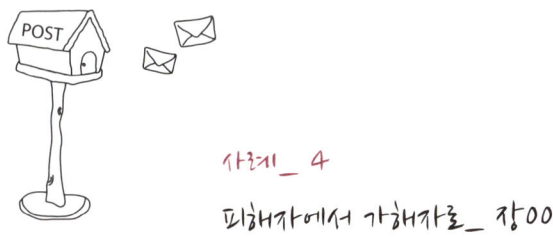

사례_ 4
피해자에서 가해자로_ 장OO

"나는 정말 중학교에 가고 싶었어요. 그런데 아버지는 그때 다른 여자와 살림을 따로 차리면서 저희를 돌보지 않으셨습니다. 그로 인해 나는 학교에 다닐 수 없었어요. 중학교 교복 입고 몰려다니는 친구들의 모습을 멀리서 보면서 많이 울었어요. 그럴수록 아버지가 너무 미웠어요.

나는 시할머니부터 시작해서 4대가 모여 사는 집으로 시집을 왔어요. 하루도 손에 물 마를 날이 없었고 사는 게 힘들었어요. 교회를 다니니 사람들 앞에서 내색은 하지 않았지만, 내 인생이 너무 싫었어요. 많이 배우지 못했기에 이런 남편과 결혼하여 이 고생을 한다는 생각이 들었어요. 가족을 팽개친 아버지가 더욱 원망스럽고 남편도 보기 싫었지요. 이런 원망을 며느리에게 다 쏟아냈어요. 내가 생각해도 너무하다 싶을 정도로 며느리를 구박하면서 이러면 안 되겠다 싶었어요. 하지만 그런 생각은 잠깐이었어요. 시간이 지날수록 더욱 심하게 며느리를 학대하고 식구들에게도 화를 냈어요. 권사 직분을 받고 새벽기도는 빠지지 않았는데 기쁘고 은혜가 많아서 다니는 것도 아니었어요. 솔직히 말해서 하나님을 생각하면 '좋다'는 마음이 든 적도 없어요.

그런데 세미나에 와서 내 인생을 돌아보니 어릴 때부터 가졌던 아버지에 대한 원망이 지금 이 순간까지 나를 잡고 있었다는 생각이 들었어요. 교회는 다니지만, 마음의 원망은 그대로 두었더라고요. 그리고 그 원망을 며느리와 남편에게 쏟아 붓고 있었던 거예요. 돌아가시고 세상에 없는 분을 이렇게 원망하고 있었는지 몰랐어요. 이제야 아버지를 용서하고 하나님을 원망한 죄를 회개했어요. 내 속에 응어리를 다 꺼내서 회개했습니다.

그런 기도 후에 처음으로 하나님께 남편을 주신 것에 감사하다는 말이 나왔어요. 그리고 그동안 내가 피해자라는 생각에 다른 식구들의 아픔이 보이지 않았다는 것도 알았어요. 이제는 며느리의 괴로운 마음도 보이고, 다른 식구들도 나 때문에 힘들겠다는 생각이 들었어요. 남편과 며느리에게 용서를 빌어야겠어요. 교회 목사님과 식구들에게도 정말 부끄럽습니다."

장OO의 아픈 마음은 혼자만의 아픔으로 끝나지 않았습니다. 분노로 변해서 며느리에게 자신의 상처를 전가했습니다. 그리고 어쩌면 며느리 역시, 시어머니에게서 받은 상처를 남편과 자녀에게 끼치고 있었을 것입니다.

상처는 분노로 변하여 대를 이어 전해집니다. 마음의 쓴 뿌리는 시간이 지나면 약해지는 것이 아닙니다. 오히려 더욱 자라납니다. 그래서 성경은 주의하라고 경고합니다.

> 너희는 돌아보아 하나님의 은혜에 이르지 못하는 자가 있는가 두려워하고 또 쓴 뿌리가 나서 괴롭게 하고 많은 사람이 이로 말미암아 더러움을 입을까 두려워하고 (히 12:15).

이러한 문제의 해결 방법은 장OO처럼, 쓴 뿌리를 만들어 내는 원인을 분명하게 깨닫고 그것을 치유하고 뽑아내야 합니다.

부모의 부정적 삶을 재현

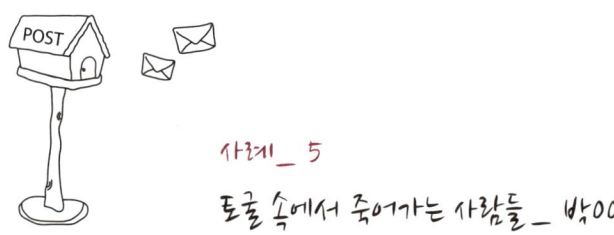

사례_ 5
토굴 속에서 죽어가는 사람들_ 박OO

"인생의 모든 절망을 다 지고 가는 사람처럼, 저는 무기력증과 우울증에 시달렸고 사회공포증에 이르기까지 되었습니다. 교회에서 맡은 직분은 많았습니다. 그렇지만 교회 사람들을 만나는 일까지도 점점 부담스럽고 힘들어지면서 서른도 안 된 저의 얼굴은 마치 죽을병에 걸린 사람처럼 변해 갔습니다. 새언니가 저에게 권해 준「내 마음속에 울고 있는 내가 있어요」라는 책의 제목은 바로 '나'였습니다. 그 책을 읽으며 처음으로 하나님께 제가 왜 이렇게 고통스러운지를 여쭈었습니다. 그때 분명한 감동으로 제 안에 주님의 말씀이 들렸습니다.

'너는 나를 싫어한다.'

'왜지요?'

'너는 내가 무능력하다고 생각한다.'

'무능력?'

저는 말이 나오지 않았습니다. 어떻게 내가 하나님을…. 그런데 그 순간에 나를 붙잡고 술 냄새 풍기며 눈물로 하소연하는 아빠의 고백이 지나갔습니다.

'하나님이 어디 있느냐, 하나님이 있다면 이렇게 고통받는 가난한 사람들을 그냥 내버려둘 리 없다. 이 세상에서 누가 나를 도울 수 있겠느냐?'

술만 취하시면 나를 붙들고 사회의 냉대를 쏟아내며 한탄하시던 고백들이 곧, 하나님에 대한 불신앙의 감정으로 제 안에 흘러 들어왔음을 알았습니다. 그리고 토굴 속에 갇혀있는 사람들을 보았습니다. 여러 명이 붕대를 감고 너무나 힘없이 누워있었습니다. 그들은 바로 아무것도 할 수 없는 불쌍한 우리 가족의 모습이었습니다.

평소에 저는 아빠에 대한 분노와 용납할 수 없는 미운 감정들로 괴로웠습니다. 신앙생활을 했지만, 칼로 아빠의 목을 찌르고 싶은 감정만큼은 조금도 지워지지 않았습니다.

'어쩌다 나는 저런 부모를 만났을까? 하나님은 나를 이런 가정에 내팽개치고 무얼 하시는 거야!'

이런 생각들로 무능력한 아빠를 죽이고 싶도록 미워했습니다. 이 모든 것이 아빠보다 저를 더 무능력한 인간으로 만들어가는 것을 몰랐습니다.

그런데 아빠로부터 전해진 불신앙의 잘못된 교훈을 끊는

기도를 하면서 처음으로 아빠에게 긍휼한 마음이 생겼습니다. 아빠와 저는 마치 남남처럼 등을 돌리고 살고 있다는 생각이 듭니다. 이제는 제가 아빠 앞으로 다가가 안아주고 싶습니다. 아빠의 옷깃도 스치기 싫었는데 불쌍한 그분을 위로해 드리고 싶습니다."

박OO가 이런 아픔을 가진 채 결혼한다면 어떤 삶을 살게 되겠습니까? 박 씨는 남편이 아빠보다 더 능력 있는 든든한 보호자가 되어 주기를 간절히 바랄 것입니다. 그것은 박 씨가 아빠에게 가장 바랐던 것이기 때문입니다. 하지만 아무리 능력 있는 사람을 만났다고 해도 부족한 부분이 있을 것입니다.

문제는 남편의 좋은 면보다는 아버지처럼 무능력한 부분을 예리하게 찾아내고 그것이 보일 때 견딜 수 없이 분노할 것입니다. 혹은 무능력한 부분이 보일 때 박 씨는 남편을 향해 능력 있는 기계가 되라고 끊임없이 들볶게 될 것입니다. 남편이 그렇게 되지 못할 경우, 박 씨 스스로 살아갈 방도를 찾아 나설 것입니다. 이런 삶은 안정감과 안식을 느낄 수 없습니다. 두려움과 싸우는 투쟁이 됩니다.

가정이 안식처가 되지 못하고, 군사를 키우는 훈련소처럼 변해갈 때 부부관계는 좋아질 수 없습니다. 이것은 하나님이 원하시는 가정의 모습이 아닙니다.

주님은 불안해하는 우리에게 약속하셨습니다.

> 그러므로 내가 너희에게 이르노니 목숨을 위하여 무엇을 먹을까 무엇을 마실까 몸을 위하여 무엇을 입을까 염려하지 말라 목숨이 음식보다 중하지 아니하며 몸이 의복보다 중하지 아니하냐 공중의 새를 보라 심지도 않고 거두지도 않고 창고에 모아 들이지도 아니하되 너희 천부께서 기르시나니 너희는 이것들보다 귀하지 아니하냐 (마 6:25-26).

박 씨 마음에 아빠를 안아주고 싶은 감정이 생겼다는 것은 아빠를 다른 시각으로 보는 눈이 처음으로 생겼음을 의미하는 놀라운 변화의 신호입니다. 아빠가 젓는 난파선이 아니라, 하나님이 선장 되시는 거대한 항공모함으로 자리를 옮긴 것과 같은 변화입니다. 이것이 박 씨 안에 만들어졌기에 그런 안심한 마음이 아빠를 불쌍하게 볼 수 있는 눈을 가져다준 것입니다.

인간은 불안하고 두려울 때 타인을 돌아볼 여유가 없습니다. '더 강해져서, 더 능력을 길러서 나를 안전하게 돌봐주고 보호해 줘!'라고 요구할 뿐입니다. 두 사람이 모두 이런 요구를 할 때 서로에게 실망감만 쌓일 것입니다.

영적 성숙의 방해

채00는 전도사 일을 하다가 그만둔 상태였습니다. 주님의 일을 할수록 귀신이 더욱더 자기를 누르고 괴롭혀서 견딜 수 없다고 하였습니다. 외모에서도 이미 신경증을 가지고 있는 것이 드러났습니다. 그녀는 자기에게 기도가 부족하다고 생각하여 매일 철야를 하고 기독교 단체에서 강도 높은 신앙훈련을 받고 있었습니다. 그런데 이제는 몸이 아파서 따라갈 수 없는 지경이 되었습니다.

나는 그녀와 대화하면서 부모님에 관해 물어보지 않을 수 없었습니다. 처음에는 부모님을 사랑한다고 하였습니다. 하지만 하나님이 자기를 돌보지 않으실 것 같고, 이렇게 혼자 하나님을 부르다가 지쳐 죽을 것 같다는 이야기 끝에 마침내 아버지에게 얼마나 큰 분노를 느끼고 있는지가 드러났습니다. 어린 자식들이 굶주려서 결국은 동생이 병으로 죽었는데도 아무런 책임을 느끼지 않는 아버지에 대한 미움은 극에 달한 상태였습니다. 하지만 지금 자신이 겪고 있는 문제의 원인이 아버지에 대한 증오라는 사실을 인정하지 않았습니다.

이미 인간으로 취급하지 않은 아버지 때문에 영적인 사람이라고 스스로 자부하는 자신이 이렇게 영향을 받는다는 사실을 도저히 용납할 수 없었던 것입니다.

채00는 모든 문제를 더욱 영적으로 해석하고, 영적인 방법으로 해결하려는 집착을 버리지 않았습니다. 자신은 신학을 공부한 사람이고 영적 체험을 한 사람이라는 것을 계속 주장하였습니다. 실제 마음속에 있는 하나님에 대한 인상이 심히 부정적이라는 것도 상담 과정 중에 노출되기도 했으나, 그때마다 빠르게 다른 말로 숨겼습니다. 육신의 아버지는 이미 자신과는 상대가 안 되는 사람이고, 오직 자신에게는 더 큰 하나님의 능력과 은사만이 필요할 뿐이라는 생각을 버리지 못하였습니다. 하지만 아무리 기도해도 그 은사와 능력이 부어지지 않는 것이 문제였습니다. 장기간의 금식과 철야도 소용이 없었습니다.

현재 채00는 모든 사회생활에 적응하지 못하고 격리되어가는 상태였습니다. 그녀는 전도사직에서 쫓겨난 이유와 사람들이 자신을 피하는 이유를 몰랐습니다. 모든 것이 오직 귀신의 방해라고만 생각하고 있었습니다. 그리고 그것을 이기기 위해서는 더욱 강도 높은 기도와 신앙훈련만이 열쇠라고 하였습니다. 상담실을 찾은 것도 자신을 돌아보고 싶은 마음보다는 「내적치유의 현장-엄마 가지 마」의 책에 나타난 치유 사례를 읽고 그런 체험을 해보고 싶다는 생각 때문이었습니다.

비판과 증오, 그리고 오직 신앙적인 말로만 쏟아내다 보니 사람들과의 관계는 더 어려워졌습니다. 나이가 많이 들었지만, 간절히 바라는 결혼 상대도 나타나지 않았습니다. 하지만 그녀를 돕기는 쉽지 않았습니다. 자신도 영적인 전도사이기 전에 아버지가 필요한 어린아이라는 것을 절대 인정하지 않았기 때문입니다.

부모로부터 이어진 상처 치유와 사랑으로 독립하는 법

1) 부모님을 정확하게 볼 수 있도록 하십시오.

무조건 '우리 부모님은 법 없이도 사시는 분들이야'라는 식으로 일축하지 말고, 정확하게 그분들이 나에게 끼친 영향이 어떤 것인지 생각해 보십시오. 그분들도 하나님 앞에서 한 남자, 여자임을 기억하고 하나님 앞에서 그분들을 생각해 보십시오.

2) 마음으로 부모님에게서 독립하는 것을 주님의 명령으로 여기십시오.

전통 유교의 부모 공경법과 기독교의 부모에 대한 사랑의 법은 다릅니다. 유교의 전통은 부부보다도 부모가 먼저이고 가정의 모든 것은 부모 위주로 돌아갑니다. 그러나 하나님의 부모 사랑은 위로 하나님을 모시고 부부가 한몸이 되어야 합니다. 그 사이에 부모가 끼면 안 됩니다. 한몸이 된 부부가 하나님 안에서 부모를 사랑하고 공경하는 것입니다.

쉽게 생각하면 '삼년상'을 지내는 유교가 부모의 사랑을 더 강조하는 것처럼 보일 수도 있습니다. 그러나 성경처럼 부모에 대한 사랑을 실제로 강조하고 있는 책은 없습니다. 기독교의 효 의식보다 더 높은 윤리와 종교는 없습니다. 하나님은 우리가 잘 될 수 있는, 약속 있는 첫 계명이 부모를 공경하는 것이라고 하십니다.

> 자녀들아 너희 부모를 주 안에서 순종하라 이것이 옳으니라 네 아버지와 어머니를 공경하라 이것이 약속 있는 첫 계명이니 이는 네가 잘 되고 땅에서 장수하리라 (엡 6:1-3).

하나님은 이처럼 부모를 사랑하고 공경하기를 원하시지만, 이것과 부모에게서 독립하는 것과는 다른 문제입니다. 마음에서 우러나오는 효를 하는 힘은 부모에게서 독립하여 진정한 부모이신 하나님을 깊이 알 때 가능합니다. 그런데 하나님의 원칙에 따라 효를 실천하려고 할 때, 지금까지 습득된 전통문화와 충돌하여 하나님께서 주시지 않는 거짓된 문화에서 오는 죄책감이 느껴지는 경우가 있습니다. 하지만 한 나라의 전통과 문화보다 더 높은 것은 하나님의 법입니다. 이 법은 부모를 만드시고, 가정을 만드신, 하나님이 만드신 것임을 기억하면서 부모에게서 독립하는 것에 대하여 죄책감을 느끼지 마십시오. 그러나 독립한다는 것이 부모님을 돌보지 않는다는 말이 아닙니다. 하나님의 계명을 악용하여 부모를 돌보지 않는 사람들의 악에 대하여 하나님은 책망하셨습니다.

그러나 너희는 말한다. 누구든지 아버지나 어머니에게 말하기를 내게서 받으실 것이 고르반(곧 하나님께 드리는 예물)이 되었습니다 하고 말만 하면 그만이라고 말한다. 그러면서 아버지나 어머니에게 그 이상 아무것도 해 드리지 못하게 한다. 너희는 너희가 물려받은 관습을 가지고, 하나님의 말씀을 헛되게 하며, 또 이와 같은 일을 많이 한다 (막 7:11-13, 표준새번역).

하나님의 명령은 내 욕심을 이루는 데 쓰라고 주신 것이 아닙니다. 우리는 부모님에게 힘을 다하여 물질과 마음으로 공경하되, 그분들의 종이 되거나 예속물이 되어서는 안 된다는 뜻입니다. 진정으로 자녀를 사랑하는 부모라면 자녀가 건강하게 독립하여 하나님 아버지께 연합하는 사람이 되기를 간절히 원할 것입니다.

3) 부모님의 용서할 부분을 용서하십시오.

세상에 계시지 않는 부모님이라도 용서하십시오. '난 절대 우리 부모처럼 살지 않을 것이다'고 수백 번 다짐해도 용서하지 않으면 닮게 됩니다.

민00는 아버지에게 가혹 행위를 받으면서 자랐습니다 아버지는 술에 취하지 않은 멀쩡한 상태에서도 초등학생인 어린 민00의 머리를 곡괭이로 내리찍었습니다. 그러한 아버지 밑에서 살아남은 것은 기적이라는 말 외에는 다른 표현이 없습니다.

그는 아버지에게서 도망쳤고, 한 남자를 만나 예쁜 딸을 낳았습니다. 그런데 생활이 어려워지면서 민00는 어린 딸에게 가혹한 행위를 하기 시작했습니다. 세 살 된 아이가 새파랗게 질려 죽음 직전에 이르기까지 아이를 학대했습니다. 어느 날, 그는 자신의 행동이 누구를 닮았는지 보았습니다. 바로 아버지의 눈빛과 아버지와 똑같은 자세로 어린 딸을 폭행하고 있는 자신을 보며 소름이 끼쳤습니다.

이해할 수 없을 것입니다. 하지만 닮게 됩니다. 그래서 용서해야 합니다. 하나님은 심판하시는 하나님이시며 모든 것을 절대 잊지 않으시는 하나님이십니다. 하나님을 믿고 모든 것을 용서하십시오. 민00가 아버지를 용서하기 어렵듯이 민00의 딸도 엄마를 용서하기 어려울 것입니다.

딸을 죽이려고 하면서도 그녀의 마음에는 딸을 향한 절절한 사랑이 있었습니다. 어머니로 하여금 딸을 죽이게끔 하는 것은 죄의 힘이요, 고통의 부산물입니다. 이것을 걷어 버려야 합니다. 하나님의 평화가 임해야 합니다. 그러기 위해서는 부모님일지라도 그분들의 어떤 작은 잘못이라도 용서해야 합니다.

4) 하나님을 종교적 대상이 아닌, 개인적인 아버지로 만나는 은혜를 받도록 기도하십시오.

선교사로 고국을 떠나기 전에 내적치유세미나에 참석했던 송00는 이렇게 말하고 있습니다.

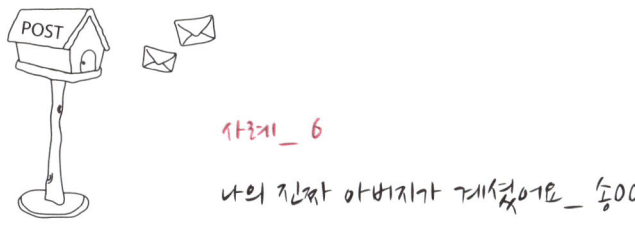

사례_ 6
나의 진짜 아버지가 계셨어요_ 송OO

"크리스마스 때가 되면 하나님을 믿는 사람이나, 안 믿는 사람이나 모두 마음이 들떠 있습니다. 하지만 그 날은 저에게 너무 괴로운 날이었습니다. 직장에서 퇴근한 저는 거실에서 TV를 보고 있었고 어머니는 안방에서 마늘을 까고 계셨습니다. 그때 아버지가 술에 취해 들어오시더니 항상 하시던 대로 욕설을 퍼부으며 안방으로 들어가셨습니다. 그리고 어머니가 쓰시던 칼을 뺏어 들고 찔러 죽이겠다고 소리 질렀습니다. 안방 문은 안으로 걸어 잠겨 있었습니다. 저는 어머니의 매 맞는 비명과 저를 애타게 부르는 소리를 들었습니다.

어떻게 빠져나오셨는지 어머니가 문을 열고 나오셨습니다. 저까지 죽이겠다고 달려드는 아버지를 피해서 저희 두 사람은 정신없이 길거리로 나왔습니다. 추운 새벽 골목길에서 엄마와 껴안고 하나님을 원망하며 울었습니다. '하나님 당신은 어디 계시는 거예요?' 예수님 탄생의 즐거운 노래를 부르며 새벽송을 준비할 교회식구들을 생각하니 더욱더 슬퍼서 눈물이 그치지 않았습니다. 울고 있는 어머니와 저를 위로해 줄 사람은 아무도 없었습니다.

내적치유세미나 과정 중에서 과거에서부터 지금까지의 삶을 되돌아보는 회상의 기도시간에 제 마음의 앨범은 눈물로 가득 채워져 있었습니다.

제가 한 살이 지났을 무렵, 심하게 우는 내 울음소리가 듣기 싫다고 아버지가 이불 속에 있는 아이를 방바닥에 던져버리는 것을 보았습니다. 저는 너무나 비참한 나 자신을 아무에게도, 심지어는 하나님에게도 보이고 싶지 않았습니다.

그런데 아버지가 저를 던지는 그 순간에 예수님께서 저를 받아 안으시고 달래셨습니다. 그리고 크리스마스 밤에 길거리에서 떨며 울고 있던 저와 어머니를 안고 함께 눈물 흘리시는 예수님의 모습이 보였습니다. 그것을 보는 순간, 깨질 것 같은 마음의 아픔이 진정되면서 감사와 감격의 눈물로 바뀌었습니다. 나의 진짜 아버지가 계셨습니다. 욕설과 폭행과 분노로 차있는 아버지가 아닌, 진짜 아버지가 제 곁에 계셨습니다.

이제 저는 육신의 아버지를 정말 용서합니다. 그리고 선교사 자녀를 돕는 교사로 발령받아 선교지로 떠납니다. 저는 그곳에 있는 아이들에게 진정한 아버지이신 그분을 말할 것입니다."

송00의 아픔은 진짜 아버지 되시는 하나님의 사랑 속에서 온전하게 치유될 수 있었습니다. 하나님이 종교적 대상이 아닌, 나의 아버지임을 체험할 때 우리는 부모로부터 그만큼 자유롭게 될 것입니다.

3장

죄책감으로부터 반드시 치유되어야 합니다

죄책감으로부터 반드시 치유되어야 합니다

결혼하면 인간관계가 다양해집니다. 부부 관계와 양가 가족 등 많은 관계 속으로 들어갑니다. 사람과의 관계가 다양해질수록 문제도 많아집니다. 미혼일 때는 단순했던 삶이 결혼 후 복잡해지는 것은 관계가 많아지기 때문입니다. 건강하고 행복한 가정을 위하여 관계를 잘 풀어가는 건강성이 필요합니다.

그런데 죄책감은 마음의 장애와 같습니다. 몸에 장애가 있을 때 장애물을 넘기가 힘들 듯이, 마음에 죄책감이 있다면 수많은 관계에서 넘어야 할 장애물들을 해결하기가 어렵습니다. 그리스도인은 죄책감에 잡혀서 살 필요가 없습니다. 어떤 죄를 지었더라도, 예수 그리스도의 보혈의 공로로 용서를 받을 수 있기 때문입니다. 커다란 실수를 했을지라도, 그리스도인은 그 실수를 통해서 협력하여 선을 이루실 하나님의 능력을 알고 있습니다. 그러기에 실수를 잊어버릴 수 있습니다. 하지만 예수 그리스도를 알면서도 많은 사람이 죄책감 속에 잡혀 삽니다.

죄책감으로 어둠의 굴레에 묶여 있는 신랑 신부가 아닌,

몸과 마음이 자유로운 신랑 신부가 되어 새 가정, 새 인생을 출발해야 합니다. 죄책감은 삶의 장애물을 넘어야 하는 힘을 앗아갈 뿐만 아니라, 삶에 수많은 문제를 만들어 내기도 합니다.

악령이 역사하는 통로로 작용

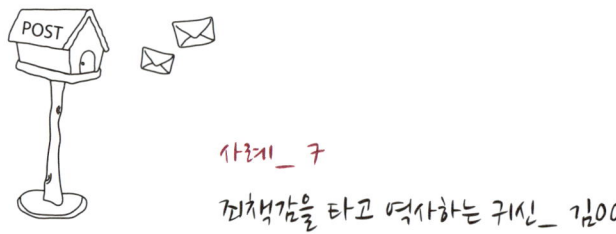

사례_ 7
죄책감을 타고 역사하는 귀신_ 김OO

갑자기 날카로운 비명 같은 소리가 들렸습니다.

그 소리의 주인공을 찾아 이야기를 나누었습니다. 그가 처음에는 이야기하지 않으려고 했습니다. 그것은 아마, 사람과의 대화로 해결될 일이 아니라고 생각했던 것 같습니다.

사정의 요지는 이렇습니다.

김 양은 자기 남동생과 엄마를 심하게 미워했습니다. 두 사람이 너무 친했기 때문입니다. 김 양은 엄마의 사랑을 받고 싶었지만, 엄마는 오직 남동생에게 편파적인 애정을 쏟았습니다.

어느 날 그녀는 남동생과 어머니를 향해 저주처럼 말했습니다.

"어디 한번 두고 보자고요. 둘이 계속 그렇게 좋은지….".

그 직후 남동생은 교통사고가 나서 죽었습니다. 남동생의 죽음 이후 어머니는 눈물로 세월을 보내고 김 양은 어머니의 그런 모습을 보면 미칠 듯이 화가 났습니다. 밤이면 계속 악몽을 꾸었으며 어느 날부터인가 귀에서 소리가 들려오기 시작했습니다.

'이젠 네 차례야, 네 차례…'

그리고 상여의 방울 소리….

김 양의 몸은 급속히 쇠약해졌습니다. 그는 자신 안에 동생 귀신이 들어와 있는 것 같다고 하였습니다. 기도시간에 비명을 지른 것은 하얀 상여와 함께 동생이 보였기 때문입니다. 아무리 미안하다고 해도 동생이 떠나가지 않는다고 하였습니다.

김 양은 철저하게 귀신에게 속고 있었습니다. 사람이 죽으면 귀신이 되는 것이 아니라 자기가 가야 할 곳으로 가는 것이라고 말했지만, 김 양은 그 말을 믿을 힘이 없었습니다. 이유는 김 양의 마음 안에 있는 깊은 죄책감 때문이었습니다. 자기가 동생과 엄마를 저주했기 때문에 동생이 사고를 당했다는 생각에서 헤어날 수가 없었습니다.

죄책감은 그녀를 괴롭히는 존재가 동생이라고 믿게 하였습니다. 그리고 동생이란 존재를 떨쳐버리는 것은 더 미안한 일이라고 생각했던 것입니다. 결과적으로 귀신의 역사는 점점 더 깊이 김 양을 괴롭히고 있었습니다.

만일 이런 현상이 계속된다면 김 양은 실제로 귀신에 사로잡히거나, 몸이 쇠약해져 어떤 지경이 될지 모를 일이었습니다.

이처럼 우리 안에 죄책감이 크게 자리 잡고 있을 때 영적으로 사단에게 크게 속고, 대적할 힘을 잃게 되어 비참한 결과를 초래하게 됩니다.

삶의 에너지를 고갈시키는 원인

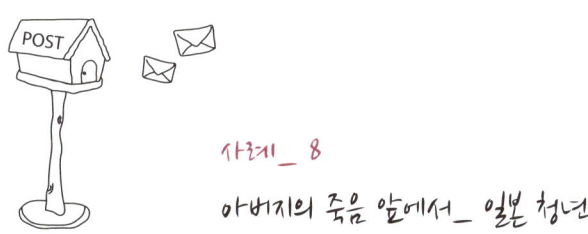

사례_ 8

아버지의 죽음 앞에서_ 일본 청년

마흔이 다 된, 일본인 청년(?)이 강의를 듣다가 사라져 버렸습니다. 그 청년은 숙소에서 몸을 웅크리고 앉아 있었습니다.

"왜 강의를 듣지 않고 밖으로 나오셨습니까?"

"갑자기 가슴이 답답해지고 손이 떨려서요. 그러면 도저히 가만히 있을 수 없어서 움직여야 해요. 죄송합니다."

그는 정신 장애로 진단을 받아 나라에서 주는 보조금으로 생활하는 사람이었습니다. 오랫동안 신앙생활을 해오면서 평신도 지도자 생활도 하였고 학력도 높았습니다.

"언제부터 이런 증상이 나타났는지 혹시 아십니까?"

"네, 제 아버지가 돌아가신 후부터예요."

청년은 집안에서 가장 먼저 신앙생활을 한 사람이었습니다. 하지만 집안의 반대가 만만치 않았습니다. 아버지께 복음을 전했지만, 받아들이지 않으셨습니다. 그러던 어느 날, 한밤중에 거실에서 이상한 소리가 들려 밖으로 나와 보니 아버지가 거실 탁자 옆에서 고꾸라진 채 숨져 있었습니다. 집에는 아버지와 자신뿐이었습니다. 아버지의 죽음 앞에서 그는 아무것도 할 수 없었고, 이 일은 그에게 너무나 큰 충격이 되었습니다. 그리고 그 이후로 가슴이 답답해지는 증상이 시작되었다고 합니다. 아버지의 사인은 심장발작이었습니다.

"무엇이 두렵습니까?"

"갑자기 죽는 거요."

그가 힘없이 대답했습니다.

"당신도 아버지처럼 죽을 것 같아서 두려우세요?"

나는 그 청년이 오랫동안 신앙의 지도자로 살아온 과거를 볼 때 이렇게까지 망가진 모습이 믿어지지 않았습니다. 그의 말은 이어졌습니다.

"아버지가 죽고 난 뒤에 의지할 곳이 없어졌어요. 하나님을 불렀지만, 너무 외롭고 제가 아버지를 얼마나 의지하고 있었는지 알겠더라고요. 무서웠어요. 죽는다는 것도 무섭고…. 그런데 아버지 귀신이 저에게 들어온 것 같아요."

"왜 그렇게 생각하시죠?"

"제가 완전히 타락한 생활을 했거든요."

나는 청년을 보면서 일본에 퍼져 있는 완벽주의라는 병을 느꼈습니다. 청년은 종교적인 완벽주의로 부족한 자신을 항상 정죄하고 있었던 것입니다. 결국, 완벽주의적인 성격은 아버지의 죽음 앞에서 아무것도 할 수 없는 자신의 무능함을 보고 완전히 좌절하고 말았습니다. 부족한 자신 때문에 아버지가 지옥 갔다는 죄책감이 청년을 붙들고 놓아주지 않았습니다.

완벽주의적 요구로 인한 죄책감은 하나님에게서 오는 것이 아닌, 악한 결박입니다. 죄책감에 빠지면 하나님을 부르지만, 오히려 하나님과의 관계가 더 힘들어집니다. 또한, 신앙생활을 하는 힘과 죄악을 이기는 힘이 오히려 사라집니다. 여호와를 기뻐하는 것이 우리가 경건 생활을 해나가는 힘이기 때문입니다.

아버지를 잃고 난 이후, 청년은 두려움과 외로움이 올 때마다 성적인 방법으로 고통을 해결하는 죄를 지었습니다. 이것은 이중삼중으로 죄책감을 증폭시켰습니다. 죄책감에 견디지 못한 그는 결국, 다른 대상에게 자신이 짓는 죄의 책임을 전가했습니다. 그것은 곧 아버지 귀신이 나에게 죄를 짓게 했다고 자신을 합리화시킨 것입니다. 아버지 죽음 이후, 자신이 급격하게 타락하게 된 것은 아버지 귀신이 자기에게 들어왔기 때문이라고 믿었습니다. 이런 방어기제는 그가 인식하지 못했을 수도 있습니다. 문제를 바로 직면하지 못하고 방어기제를 부정적으로 계속 사용할 때 우리는 심리적 질병 상태로 빠지게 됩니다. 결국, 그는 정신병을 앓게 되었고 사회에서 아무것도 할 수 없는 무능력자가 되고 말았습니다. 그의 죄책감이 만든 결과였습니다.

파괴적인 생각에 빠져드는 통로

사례_ 9
나의 영정 사진_ 지OO

지OO는 교회의 사모였습니다. 그녀는 시댁과의 심한 갈등을 해결하고자 내적치유세미나를 찾았습니다. 하지만 하나님께서는 다른 문제를 먼저 말씀하셨습니다.

세미나 기간 내내 그녀의 생각을 가득 메운 영상이 있었습니다. 그것은 18년 동안 수시로 떠오르곤 했던 젊은 나이에 죽어있는 자신의 영정사진이었습니다. 그 영상은 어느 날 남편이 지OO에게 불길한 꿈 이야기를 하면서부터 떠오르기 시작했습니다.

"꿈에 당신이 죽어서 하나님께 살려 달라고 간절히 빌었는데 그 꿈이 너무도 생생해."

지OO는 모골이 송연했습니다. 그리고 얼마 후, 가족 중에

막강한 힘을 행사하는 시누이로부터 남편에게 전화가 왔습니다.

"동생! 내가 꿈을 꾸었는데 올케가 동생에게 너무 부족하다고 하나님이 데려가시는 꿈을 꾸었어."

시댁 식구들은 사모의 능력이 부족해서 새로 개척한 교회가 안 된다는 말을 서슴지 않고 수시로 하였습니다. 이런 일들이 겹치면서 어느 순간부터 그녀의 머릿속에는 젊은 나이에 죽은 자신의 영정사진이 자꾸만 환상처럼 그려진 것입니다.

지00는 결혼 초부터 늘 죄책감에 괴로웠습니다. 사모로는 부족한 자신이 단지 남편을 너무나 사랑해서 결혼한 것은 아닌가 하는 생각 때문이었습니다. 그런 와중에 남편과 시누이의 꿈들은 하나님이 지금 자신의 위치를 박탈하고 일찍 천국으로 데려갈 것이란 생각을 확증한 것 같았습니다. 그리고 자신이 부족하다는 생각을 더욱 분명히 하게 되었습니다.

"기도생활을 소홀히 하거나 교회가 안 되면 죄책감이 들고 모두 저 때문이라는 생각이 들어요. 그리고 그 뒤에는 저를 향해 화를 내고 계시는 하나님의 모습이 그려지는 거예요."

이러한 상태에서 세미나에 참석하게 된 것이었습니다.

그러나 기도와 상담 중에 지00는 모든 것이 거짓이었음을 깨달았습니다. 그리고 남편과 시누이가 던졌던 말들이 자신에게 얼마나 깊은 영향을 주고 있었는지 알게 되었습니다. 교회가 부흥되지 않는 것은 모두 자신의 탓이라는 시누이의 말이 고통스러웠습니다. 하지만 그 말이 하나님이 하신 말씀이라고 믿었기에 반박도 못 하였습니다. 그런데 그것은 하나님의 음성이 아니라는 것을 거짓말이 하나님 음성인 걸로 속았으며 그로 인해 환상이 만들어졌다는 사실을 알게 되었습니다.

  교회가 부흥되지 않는 것이 못난 자신 때문이라는 생각에 붙잡혀 몸까지 상하게 되었다는 사실을 알게 되면서 눈이 떠지듯, 갑자기 모든 게 다르게 보였습니다. 그리고 지금까지의 모든 생각이 거짓된 결박이었다는 것을 알고 대적하였습니다.

  그녀는 처음으로 결박을 푸신다는 성경 말씀의 의미를 깨닫게 되었습니다.

  만일 지00가 계속해서 이런 생각에 사로잡혀 있었다면 어떻게 되었을까요? 어쩌면 지00의 잘못된 믿음대로 젊은 나이에 죽은 그녀의 영정사진은 사실이 되었을지도 모릅니다.

죄책감의 사슬을 푸는 방법

1) 실질적인 죄를 처리
요한일서 1장 9절의 말씀을 붙잡으십시오.

만일 우리가 우리 죄를 자백하면 저는 미쁘시고 의로우사 우리 죄를 사하시며 모든 불의에서 우리를 깨끗케 하실 것이요

하나님께서는 당신을 용서하기 위하여 희생의 피를 준비하고 계십니다. 그 피는 하나님 자신, 곧 예수 그리스도의 피입니다. 하지만 당신의 진실한 자백과 동의 없이는 그리스도의 피가 당신 것이 되지 못합니다. 내가 회개해야 할 죄가 무엇인지 하나님께 여쭙고, 생각나는 죄에 대하여 자신을 합리화시키지 말고 정직하게 자백하십시오. 당신이 예수 그리스도를 영접할 때 당신의 모든 죄는 이미 다 용서받았고 당신은 구원받았습니다.

하지만 당신이 하나님 앞에 용서를 비는 것과는 다른 차원의 문제입니다. 그리스도인의 죄, 이것은 하나님과 당신의 관계

성장을 가로막습니다. 그래서 우리는 매일매일, 마치 호흡하듯이 내게 발견된 죄가 있다면 그것을 고백하고 회개해야 합니다. 이것을 '영혼의 호흡'이라고 말합니다. 아무리 하나님이 당신을 사랑하셔도 죄가 있을 때 사랑이 전해지지 않습니다.

오죽하셨으면 예수님께서 당신의 죄를 해결하기 위해 죽기까지 하셨겠습니까? 당신이 생각할 때 '이 정도의 죄가 무엇이 그렇게 클까? 눈에 보이지 않은 그 사건이 무슨 죄가 될까?'라고 할 수도 있습니다. 그러나 하늘과 땅의 모든 것 중에서 당신을 하나님의 사랑에서 끊을 수 있는 유일한 것이 있다면, 바로 고백하지 않은 죄임을 기억하십시오.

사람들은 자신의 죄를 그대로 인정하기보다는 합리화하든지 오히려 다른 사람에게 책임을 전가하며 은폐합니다. 또 죄에 대하여 많이 말하는 것도 심리학자들은 비판합니다. 하지만 죄를 죄가 아니라고 하며 다른 심리학적 용어를 들어서 우리가 행한 죄의 책임을 면제시켜 주는 듯한 것은 오히려 우리 안에 계속된 죄의 순환을 일으키게 합니다. 그리고 우리를 더욱 고통 속에 빠뜨리게 합니다.

에덴동산에서 죄를 범한 아담은 아내에게 책임을 전가하고, 아내는 뱀에게 책임을 전가합니다. 예수님을 팔았던 유다는 자신을 자학하고 미워하다가 스스로 목숨을 끊었습니다. 하지만 이러한 태도는 결코, 죄를 없애지 못하며 죄로 인해 파생되는 모든 고통을 치유할 수 없습니다.

죄와 고통에 대하여 성경에서 말하는 바른 처리는 단 한 가지입니다. 그것은 죄에 대한 자백과 동의이며, 하나님 앞에 용서를 회복하는 것입니다.

2) 용서하셨다는 사실을 믿음

당신이 그리스도인이라면 당신 과거와 현재와 미래의 모든 죄는 용서받았습니다. 간구와 눈물과 개인적인 노력 그리고 종교적인 의식이 하나님과 화해하게 할 수는 없습니다. 오직, 예수 그리스도께서 나를 위해 이미 행하신 것을 진리로서 인정하고 단순히 믿는 신앙만이 우리를 사랑하시고 용서하시고 깨끗하게 하신 하나님 아버지를 볼 수 있게 합니다.

> 오라 우리가 서로 변론하자 너희 죄가 주홍 같을지라도 눈과 같이 희어질 것이요 진홍같이 붉을지라도 양털 같이 되리라 (사 1:18).

> 동이 서에서 먼 것 같이 우리 죄과를 우리에게서 멀리 옮기셨으며 (시 103:12).

3) 자백해도 사라지지 않으면? 예수 그리스도의 보혈로 대적

죄책감을 붙드는 것은 예수님의 십자가를 무용지물로 만드는 것입니다. 당신이 죄를 자백할 때 용서하시겠다는 것은 하나님의 피로 세우신 언약입니다. 죄책감을 붙드는 것은 이 언약의 맹세를 믿지 않는 무서운 죄를 범하는 것입니다.

히브리서 10장에 그리스도께서 단번에 우리 죄를 용서해 주셨다고 말씀하시며, 죄 때문에 다시 제사를 드릴 것이 없다고 성경은 선언하고 있습니다.

저희 죄와 저희 불법을 내가 다시 기억지 아니하리라 (히 10:17).

죄책감을 가져다주는 사단을 예수님의 이름으로 대적하십시오. 한 번도 죄를 범한 적이 없는 사람처럼 하나님은 당신을 인정하고 계십니다.

4) 자신을 용서

때로, 어떤 사람은 마음에 아주 냉혹한 재판관을 모시고 살아갑니다. 하나님이 죄를 용서하셨어도 마음속의 재판관이 '아직도 너는 죄인이야' 하면 죄인입니다. 마음속의 냉혹한 재판관은 다름 아닌 자신입니다.

교만할수록 자신을 용서하지 못합니다. 자신을 용서하지 못한 사람은 다른 사람도 용서하기 어렵습니다. 자신을 용서하지 못할 때 하나님의 용서는 내 것이 되지 못합니다.

5) 신뢰하는 영적 상담자와 기도를

합심하는 기도는 사단이 주는 잘못된 죄책감에서 벗어나게 합니다. 말하기 어려운 부분이라 할지라도, 성숙한 신앙의 사람과 함께 기도하는 것이 크게 도움이 될 수 있습니다. 죄책감의 등불이 마음 안에 켜져 있을 때, 행복한 웃음을 짓기 어렵습니다. 모든 죄책감에서 해방되십시오. 당신은 죄의 굴레에 묶여 있을 필요가 없는 거듭난 하나님의 자녀입니다.

이것은 주님의 작은 천국을 만들어갈 미래의 신랑 신부에게 주어진 하나님의 축복입니다.

4장
열등의식으로부터 반드시 치유되어야 합니다

열등의식으로부터 반드시 치유되어야 합니다

　열등의식이란 자신의 내면 이미지(self image) 즉, 자아상을 부정적으로 가진 것입니다. 만일, 어떤 사람이 자신의 자아상을 거지와 같은 초라한 존재라고 생각하고 있다면(이 생각이 비록 일부분이라 할지라도 심층 깊은 곳에 있으므로 그 영향력은 매우 큽니다) 그는 자신의 초라한 모습이 너무나 싫기에 감추려고 노력합니다. 하지만 감추고 있는 자신은 알고 있습니다. 초라하게 보이는 모습이 일부분임에도 불구하고 진정한 자신의 전부라고 착각합니다.

　보기 싫은 존재를 용납하거나 사랑한다는 것은 쉽지 않습니다. 그래서 자신이 좋아하는 것들로 포장하여 용납할 수 있는 '새로운 나'의 모습을 만들어 냅니다. 하지만 내면에서는 언제든지 '너는 형편없는 가짜다'라는 소리가 그치지 않습니다. 끊임없는 자기와의 갈등으로 자신을 미워하게 됩니다. 그의 삶은 항상 내면의 소리와의 싸움입니다. 이것은 그에게 인생의 에너지를 빼앗아 가고 삶을 황폐하게 합니다.

열등의식이 우리의 삶 속에서 어떤 결과를 만드는지에 대하여 사례를 통해 살펴보겠습니다.

자신을 사랑할 수 없고
내면의 갈등이 심함

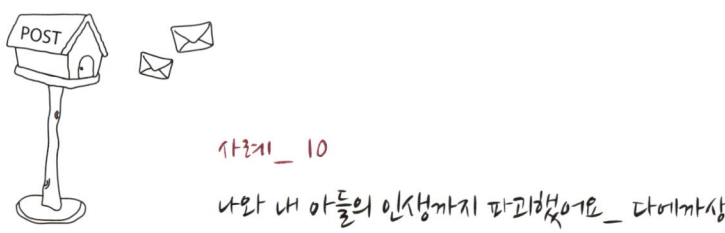

사례_ 10
나와 내 아들의 인생까지 파괴했어요_ 다에까상

연로하신 할아버지 한 분이 손을 들었습니다. 곁에 계시던 할머니가 놀란 듯이 남편을 쳐다보았습니다. 민망할 정도로 할아버지의 몸이 떨렸습니다. 목소리도 떨렸습니다. 통역하시는 분이 할아버지 말씀에 귀 기울이려고 몸을 가까이했습니다.

"저 스스로 사람들 앞에 나와서 말을 한 것은 아마 생전 처음일 겁니다. 저는 이곳에 오기 전에 항상 어떻게 죽을까만 생각했습니다. 저희가 사는 아파트에서 떨어져 죽을까? 그런데 그렇게 하면 아플 것 같고, 신문에 기사가 실려 아내가 기자들에게 시달리겠고, 집에서 가스통을 폭발시켜서 죽을까? 그러면 괜히 우리 때문에 다른 집이 피해를 보겠고…."

한없이 슬픈 일이었지만, 너무 솔직한 말씀이어서 그런지 사람들이 '와' 하고 웃었습니다.

"작년에 저희 집사람이 이곳 내적치유세미나에 왔었습니다. 제 아들 때문이었습니다. 저희에게 아들 하나가 있는데 지금 정신병원에 입원해 있습니다. 부모도 못 알아보는 아들입니다.

저는 어릴 때부터 잘하는 것이 하나도 없었어요. 제 어머니는 운동회가 제일 싫다고 하셨어요. 그건 제가 할 말이었는데…. 왜냐면 무엇 하나 잘한 것이 없기 때문이었죠. 이런 것은 정말 저의 작은 한 조각이고 제 인생은 온통 실패와 열등감 천지였습니다. 무엇 하나 제대로 되는 것이 없는 제 인생이었습니다. 이런 제가 어떻게 자식을 제대로 키울 수 있겠습니까? 제 자식은 저 때문에 이렇게 되었습니다."

칠십 평생을 살아오신 할아버지 인생은 스스로 말처럼 열등한 자신과의 갈등, 그것이었습니다. 결정적으로 그 갈등을 확인시켜 준 것은 아들이었습니다. 아들도 아버지처럼 성격적으로 연약했으며 결국 사회집단에서 적응하지 못하고 정신병자가 되었습니다.

할아버지의 가정에 희망을 앗아가는 것은 '열등의식'이라는 독버섯이었습니다. 한 어린 소년의 마음에 있던 열등의식, 그것은 어린 소년이 가장이 되었을 때 가족 전체에게 영향을 미쳤습니다. 그리고 어린 아들에게 그대로 부정적인 본이 되었습니다.

칠십 세가 넘으신 할아버지는 이제 '하나님이 지으신 귀한 사람'이라는 말씀을 마음으로 붙잡고 열등의식과의 전쟁을 선포하셨습니다. 만일 그가 결혼 전, 청년 시절에 이런 싸움을 하셨다면 그 인생은 얼마나 달라졌겠습니까? 결코, 오늘의 이런 모습은 아닐 것입니다.

사람을 구분하며 적대감에 쉽게 빠짐

열등의식이 심할수록 사람을 지나치게 구분합니다. 그리하여 결국 두 종류의 사람밖에 보이지 않습니다. 키가 작다는 것 때문에 열등의식을 갖는 경우, 그 사람의 눈에는 오직 키 큰 사람과 키 작은 사람, 두 종류의 사람만 보입니다. 집이 가난하고 부모님이 초라하다는 이유로 자신을 열등하게 생각하는 경우에도 역시 '저 사람은 나와 같은 부류이다.' 아니면 '저 사람은 나와 다른 세계에 사는 부류이다.'라고 나누어서 사람을 구분합니다. 그래서 자신과 같은 부류의 사람에게는 쉽게 마음이 가고 편하게 다가갈 수 있지만, 반대 부류의 사람들은 이유 없는 적대감과 불편한 마음을 느낍니다. 객관적인 공평한 기준이 아니라, 열등의식이 만든 벽의 기준으로 '나와 다른 부류의 사람'이라는 생각이 들면 무조건 적대감을 느끼는 것입니다.

오00는 아주 비판적인 여성이었습니다. 결혼했지만 그녀는 남편을 도저히 용납할 수 없었으며 두 사람은 물과 기름처럼 합쳐지기 어려웠습니다. 그는 평소에 극도의 불안과 심장의 고통을 겪는 신체적 증상이 가끔 나타났습니다. 원인을 알기 위하여 의학적인 검사를 많이 받아 보았지만, 아무 이유를 찾아낼 수 없었고 다만 신경증이라는 진단을 받을 뿐이었습니다.

그런데 내적치유세미나 과정에서 자신의 태아 때 느낌을 알게 되었습니다. 회상의 기도 시간에 평소에 나타났던 심장의 고통과 불안이 갑자기 올라오는 것을 느끼는 순간, 그동안 나타났던 신체 증상의 원인을 깨닫게 된 것입니다. 그것은 놀랍게도 자신이 엄마의 복중에서 가지고 있었던, 남자가 아니라는 것에 대한 불안이었습니다.

태어날 아이가 아들이기를 바라는 가족의 간절한 마음은 이미 여자임을 알고 있는 아이에게 심적 부담과 불안감을 주었습니다. 그리고 이 문제는 자신이 어떻게 해결할 수 없다는 절망감과 열등의식을 태아에게 느끼게 한 것이었습니다.

태아 때의 불안과 절망감 그리고 열등의식이 지금의 남편에게 분노와 적대감으로 나타났습니다. 그리고 남자에 대한 경쟁심과 적대감으로까지 이어졌다는 사실도 깨닫게 되었습니다. 그러자 자신의 지나온 인생이 전혀 새로운 시각으로 뚜렷이 보였습니다. 항상 자신을 일으키는 힘의 동기는 남자에게 절대 져서는 안 된다는 생각이었는데, 그 이유를 분명히 이해하게 된 것입니다. 남자를 적대적 경쟁 상대로 보는 성별에 대한 열등의식이 지금 현재 남편과 관계를 깨고 있었다는 것을 알고 오00는 충격에 빠졌습니다.

그동안 그녀는 남편이 무능력해서 결혼생활이 어렵고 지겹다고 늘 한탄했습니다. 그리고 평소에 가장 싫어하는 여자들은 남편에게 순종하는 사람이었습니다. 더구나 남편이 바람을 피우며 잘못을 저질렀는데도 이혼하지 않고 사는 여자들을 혐오하며 여자 망신시킨다고 핏대를 올리고는 하였습니다. 그러한 자신의 모든 사고방식이 이제는 이해되었습니다. 자신은 어떠한 열등감도 없다고 생각했습니다. 그런데 성별에 대한 열등감으로 남편을 바라보는 눈이 왜곡되었다는 사실을 알고 나니 남편에게 준 상처가 보이기 시작했습니다. 그리고 모든 문제의 원인은 바로 자신이었다는 사실도 함께 깨닫게 된 것입니다.

문제의 상황을 이처럼 해석하는 눈을 이전에는 결코 가질 수 없었겠지요. 태아 때부터 만들어진 열등감이 오00의 눈을 가리고 있었으니까요. 그 눈으로는 상대의 모든 행동이 잘못된 시각으로 보이게 되니 상대를 용납하는 것은 참으로 어려운 일입니다. 하지만 성령께서 마음에 있는 심리적 가시를 빼주실 때 자신을 보고, 사람을 보는 눈이 바뀌고, 관점이 바뀌게 되니 상대방을 긍휼히 여기는 감정이 생기고 이해의 마음이 생기게 됩니다. 노력해서 관계가 좋아지는 것이 아니라 자연스럽게 관계가 회복됩니다.

성령님의 치유 결과는 반드시 관점의 변화와 관계 회복으로 이어집니다.

심한 비판과
사랑할 수 없는 마음

다른 사람을 비판하는 사람은 사실상 자신을 비판하고 있는 것입니다. 자신을 비판할 수 없으니 대신 다른 사람을 비판함으로써 자신이 나쁜 사람이라는 것을 덮어 버리는 것입니다. 주님은 이러한 인간의 자기 은폐 심리에 대하여 말씀하십니다.

> 비판을 받지 아니하려거든 비판하지 말라. 어찌하여 형제의 눈 속에 있는 티는 보고 네 눈 속에 있는 들보는 보지 못하느냐 (마 7:1, 3).

비판과 분별하는 것은 큰 차이가 있습니다.

분별 있는 판단은 성인이 될수록 필요합니다. 하지만 비판은 상대에 대한 정죄와 분노를 가지고 있습니다. 열등한 자신을 좋아할 수 없으며 칭찬할 수 없습니다. 그러기에 다른 사람도 진심으로 좋아하지 않고 좋은 점도 보이지 않습니다. 비판은 모든 사람에게서 흠을 찾아내며 습관이 됩니다. 비판이 습관처럼 되어버린 사람 곁에서는 누구도 행복하지 못합니다. 그의 입은 독을 퍼뜨리는 도구입니다.

  결혼은 관계 속으로 들어갑니다. 양쪽 배우자와 그의 가족들에게 연결된 모든 인간관계 속으로 들어가 거미줄처럼 얽혀집니다. 만약에 비판만 하고 아무도 사랑할 수 없는 배우자를 만나게 된다면 수많은 관계가 깨어질 수밖에 없으니 결국, 화목한 가족이란 그림의 떡이 될 수밖에 없을 것입니다.

교만하며 사람을 무시

열등의식과 교만은 극과 극처럼 보이지만, 사실은 똑같은 심리에서 나옵니다.

열등의식이 심한 사람일수록 자신이 갖지 못한 것을 가진 사람에게 지나치게 숭배하고 아첨합니다. 그리고 그러한 집단에 속하기 위하여 말투나 행동까지도 따라 하려고 노력합니다. 또한, 자신이 이런 사람들과 교제한다는 사실을 자랑합니다. 어떤 사람은 사람뿐만 아니라 자기 지역, 자기가 다니는 교회, 혹은 국적을 내세워 자신의 열등의식을 덮고자 합니다. 반대로 자신이 볼 때 못났다고 생각한 집단의 사람에게는 무시하고 모욕하며 잔인하게 대합니다. 이러한 심리는 자신이 감추어둔 열등한 부분을 다른 사람에게 투사하는 것입니다.

자신의 못난 점을 닮은 자녀를 더 싫어하는 부모들이 있습니다. 이 부모가 자녀를 키울 때, 그 자녀에 대한 목표는 오직 자기와 다른 사람이 되게 하는 것입니다. 그리고 자신이 속하고 싶은 집단 속으로 그 자식을 밀어 넣는 것입니다. 자신이 이루지 못한 것에 대한 한풀이식 교육을 하게 됩니다. 이런 무의식적 욕구 앞에서는 신앙도 아무 소용이 없습니다.

 어떤 가정이 있습니다.

 그 가정의 가장은 의사이자 장로로서 어디에서든지 존경받는 사람이었습니다. 그는 자녀에게 배우자를 데리고 올 때, 반드시 의사나 변호사이어야 한다고 하였습니다. 부모의 교육대로 자녀들은 모두 의사가 되었고, 배우자도 모두 의사를 맞이했습니다. 그런데 그중 한 자녀가 몹시 가난한 여자 전도사의 딸을 사랑하게 되었습니다. 그 사랑은 부모의 죽음을 불사한 반대 앞에 부딪혔습니다. 가난한 여자 전도사의 딸, 의사나 변호사가 아닌 그 여성은 그들에게 인간이 아니었던 것입니다.

 그런데 재미있는 사실은, 가장인 장로도 너무도 가난한 과부 어머니 밑에서 힘들게 자라난 사람이고, 그 부인 역시 가난 속에서 불우한 어린 시절을 보냈던 사람이었습니다. 그들은 하나님의 일을 하기 위하여 서로 걸맞은 직업을 가져야 한다고 자녀들에게 말하였습니다. 그러나 그것이 자녀와 관계를 끊으면서까지 사수해야 한 것이 되었다면 그것은 하나님의 뜻이 아니라 자신의 욕심에서 나온 목표일 것입니다. 장로였기에 하나님의 뜻이라는 표세를 달고 이런 주상을 밀어붙일 때 자녀들 역시 하나님의 뜻이라는 것 자체를 자기 소원 성취의 수단으로 사용할 수 있을 것입니다. 하나님 앞에서 이런 일들은 얼마나 무서운 일인지 모릅니다. 결국, 그 의사 부부는 원하는 만큼의 돈을 쥐고 신분은 상승했지만, 아직도 마음 안에 깊은 열등의식이 바르게 처리되지 않고 있음을 보여주고 있습니다.

잘못 처리된 열등의식은 교만으로 이어집니다. 잠언 17장 5절에서 "가난한 자를 조롱하는 자는 이를 지으신 주를 멸시하는 자"라고 말씀하십니다. 무서운 죄를 범하고 있는 것입니다. 교만한 사람은 결코 사회에 유익한 가정을 만들어 갈 수 없습니다.

하나님께 순종하기 어려움

자신이 열등하다고 생각하는 것은 겸손이 아닙니다. 그것은 세상의 가치관에서 나오는 것입니다. 겸손은 자신을 하나님 관점으로 바르게 보는 것입니다. 그리고 하나님의 말씀대로 믿고 따르는 것입니다. 이스라엘 백성은 여러 가지 죄악을 범했지만, 하나님은 모든 죄를 용서하셨습니다. 하지만 그들 스스로가 자멸시킨 결정적 사건이 일어났습니다. 그들 안에 숨어있는 열등의식이 만들어 낸 사건이었습니다.

민수기 13장과 14장에서 그들 스스로 자신들이 메뚜기 같다고 말했습니다. 자기들이 보기에도 메뚜기같이 보이는데 강한 상대방이 보기에는 오죽하겠느냐는 것입니다. 이것은 겸손이 아니라 가치관이 아직도 세상적임을 나타내고 있습니다. 세상의 가치관으로 볼 때 신체적으로 또 조직적으로도 메뚜기 같았으니 그들의 말은 맞습니다.

하지만 하나님께서는 우리에게 다른 가치관, 즉 다른 눈으로 보라고 하십니다. 그 눈으로 보면 가나안의 족속들은 부모 없는 고아이고 이스라엘 사람들은 완전한 능력을 갖춘 보호자가 있다는 것을 알아야 했습니다. 오직 바른 가치관으로 자신을 보고 있던 여호수아와 갈렙 두 사람만이 가나안 땅으로 들어가게 되었습니다. 그리고 장정만 육십만 명이었던 수많은 무리가 그들 스스로 고백한 대로 메뚜기처럼 살다 죽어 갔습니다.

당신이 가진 열등의식은 당신 배우자와 자녀들, 그리고 가정의 운명까지 영향을 미칩니다. 이제는 당신 혼자만의 문제가 아닙니다.

열등의식에서 치유되고 벗어나는 방법

1) 잘못된 확신을 깬다.

열등의식의 치유를 방해하는 첫 번째 걸림돌은 실제로 못났기 때문에 열등의식을 가졌다는 생각입니다. 개구리가 자신은 인정하고 싶지 않지만, 개구리라는 것은 사실입니다. 이처럼 열등감 자체는 싫지만, 실제이기 때문에 열등의식을 떨쳐 버릴 수 없습니다. 이것은 마치 콜타르처럼 단단히 붙어서 더 이상 생각을 나아가지 못하게 합니다. 하지만 이것은 거짓입니다.

한국 사람들은 자기가 못났다는 기준을 거의 외모와 학벌에 둔다고 합니다. 이는 어쩔 수 없는 확연한 사실이기 때문에 외모가 달라지고 학벌이 달라지지 않는 한, 열등감에서 벗어날 수 없다고 결정해 버립니다. 물론, 외적인 기준으로 모든 것을 평가하는 세상에서 외모와 학벌은 가장 쉬운 평가 기준이 됩니다. 그러나 자기의 외적 조건을 사실로 받아들이는 것과 그것 때문에 자존감이 파괴되고 열등의식을 갖는 것과는 큰 차이가 있습니다.

열등의식을 갖는 사람의 특징은 자기에게 일어난 모든 인간사의 잘못된 이유를 다 거기에, 그 기준으로 이해합니다.

'저 사람이 나를 무시하는 것은 내가 자기보다 무식해 보이기 때문이야', '이 일이 실패한 것은 내가 학연이 없기 때문이야. 내가 학벌이 있었다면 나는 존경을 받았을 거야', '내가 학위가 있었다면 교인들이 더 많이 모였을 거야', '내가 공부를 더 잘했다면 내 인생은 더 행복했을 거야. 저 사람은 공부를 잘했으니 저렇게 되었을 거야', '저 사람이 인기가 좋은 것은 학위가 있기 때문이야. 저 사람이 사랑을 받는 것은 학벌이 좋아서야', '내 열등의식이 없어지려면 나는 오직 학벌이 좋아져야 해. 하나님도 나의 이 문제만은 도울 수 없어', '내 코가 이렇게 생겨서, 내 입이 이렇게 생겨서 사람들이 나를 싫어하는 거야', '내 키가 이렇게 커서, 이렇게 작아서 나는 출세를 못 하는 거야. 승진에 누락 되는 거야', '하나님은 불공평해, 나에게 이런 불리한 조건을 주어 세상 살게 하면서 내가 바동거리는 모습을 보고 즐기는 거야'

이러한 확신이 너무 강해서 죽을 때까지 자신이 열등하다는 생각을 버리지 못합니다. 그 확신 속에서 스스로 자존감을 파괴하며 자기 인생을 열등하게 만들어갑니다. 하지만 열등의식을 느끼는 것은 자신이 생각하는 외적 조건 때문이 아닙니다.

2) 근본적인 원인을 알아야 한다.

열등의식을 만들어내는 근본 원인은 따로 있습니다. 그것은 바로 내면의 자아상입니다. 열등의식이 외적인 이유에서 출발한 것이 아님을 보여주는 수많은 증거가 있습니다. 당신보다 더 못한 외모로도 열등감에 사로잡히지 않고 사는 사람들이 있습니다. 그런가 하면 당신보다 더 잘났음에도 불구하고 평생을 열등의식 속에 사로잡혀 사는 사람이 있지 않습니까?

몇 사람의 인생 항로를 살펴봅시다.

이스라엘의 초대 왕 사울의 삶은 어떠했습니까? 그는 누구도 따를 수 없는 외모와 훤칠한 키, 그리고 사람들의 절대적 지지를 받았습니다. 최고의 권력까지 누리며 모든 사람에게 존경과 추앙을 받던 사람이었습니다. 하지만 평생을 열등감 속에서 몸부림치다 끝내는 자살로 생을 마감하였습니다. 만일, 당신 앞에 사울 같은 사람이 있다면 당신은 무슨 말을 하시겠습니까? 어리석다고 하지 않겠습니까? 그가 어리석은 사람이 아님에도 어리석게 만든 것은 그의 내면에 가득한 열등의식이었습니다.

열등감이 많은 사람은 시기와 질투가 많습니다. 시기와 질투는 내가 가지지 못한 것을 상대가 가졌다고 생각할 때 생기는 분노이기 때문입니다. 사울은 객관적으로 보기에 정말 무엇 하나 부족한 것이 없었지만, 평생을 시기와 질투심으로 행복한 날이 없었습니다.

사울이 시기하는 대상은 바로 다윗이었습니다. 다윗은 사울보다 키도 인물도 환경적인 배경도 나은 인물이 아니었습니다. 그런데도 다윗과 자신을 비교하면 열등감으로 비참해졌습니다. 그 열등감을 이기지 못하여 잔인한 짓을 서슴지 않았고, 왕으로서의 시간과 능력을 모두 낭비했던 것입니다. 왕이 누릴 행복을 누리지 못하고 정신이상 증세를 보인 채, 어느 날 갑자기 자신과 자기 아들까지 죽게 하는 비참한 최후를 맞았습니다.

이와 반대로 사람들이 보기에 도저히 되고 싶지 않은 모습이나 극심한 장애를 가지고도 자신의 삶을 열심히 살다간 사람들, 그래서 모든 사람으로부터 존경과 사랑을 받는 분이 많이 있습니다.

'레나 마리아'란 스웨덴 여인은 두 팔이 없고 한쪽 다리에 장애를 가지고 태어났습니다. 하지만 그는 누구보다도 열심히 살았으며 세계장애인선수권대회 수영 부분에서 금메달을 땄습니다. 그 후에는 자신의 삶과 신앙을 노래로 표현하여 가스펠 가수로 성공합니다. 그리고 세계를 돌며 가스펠 공연을 합니다. 마리아는 누구보다 환한 얼굴로 자신의 삶을 즐기면서 한 남자의 아내가 되어 아름다운 가정을 꾸미고 있는 주부입니다.

누군가 그렇게 물었습니다.

"당신과 같은 불구의 몸으로 어쩌면 그렇게 밝게 살 수 있습니까?"

이에 대한 마리아의 대답은 간단했습니다.

"밝지 않을 이유가 없으니까요"

우리 주위를 살펴보면 다른 사람이 보기에는 좋은 조건에서도 열등의식을 느끼는가 하면, 악조건 속에서도 자신에 대한 긍정적 자존감을 가지고 즐겁게 살아가는 사람들이 있습니다. 이것을 볼 때 열등의식의 근본적인 출발은 외적인 조건이 아니라, 내면의 자아상에서 시작된다는 것을 알 수 있습니다.

겉사람이 아무리 멋있고 근사한 옷을 입고 있어도 자신의 자아상(self image)을 거지처럼 생각하고 있다면, 그는 거지처럼 살게 됩니다. 그러므로 열등의식의 치유는 부정적 자아상의 변화에서부터 시작되어야 합니다.

어떤 목사님이 한 모임에서 이런 고백을 하셨습니다.

"부목사를 하면서 학벌에 대한 열등의식이 많았습니다. 그래서 대학원까지 마쳤지만 공부할수록 열등의식은 더욱 커졌습니다. 대학원을 마치고 나니, 이제는 더 높은 비교의 대상들이 기다리고 있었기 때문입니다. 국내 박사 학위와 외국 대학의 박사 학위까지 받았지만 이상하게도 열등의식은 더 깊어졌습니다. 그러면서 마음 한쪽으로는 나만큼 올라오지 못한 사람들을 판단하고, 무시하는 교만도 더 커졌습니다. 그래서 저는 알았습니다. 제 안의 열등감은 이런 식으로 해결할 수 없다는 것을요."

이처럼 열등의식은 외적인 것이 아닌, 인간의 내면에서 시작됩니다. 하지만 내면은 보이지 않으니 그저 외적인 것이 모든 원인이라고 생각합니다. 그래서 오직 그것을 때려 부수기 위해 전력을 다합니다. 그러나 평생 이렇게 해보아도 문제는 해결되지 않습니다. 항상 나보다 더 나은 외적 조건을 가진 사람이 나타나기 때문입니다. 이런 사람이 눈에 보이는 한, 열등감은 사라지지 않습니다.

열등감을 버리고 바른 자존감을 갖기 위해서는 겉사람이 아닌 속사람의 변화, 즉 자아상의 변화가 필요합니다.

3) 잘못된 자아상을 버린다.

부정적 자아상은 고치는 것이 아닙니다. 근본적으로 버려야 합니다. 그리고 하나님이 주신 바른 자아상을 세워가야 합니다. 어떻게 할 수 있을까요?

첫째, 당신 속사람을 그려보면서 당신 말로 표현해 보고, 그 모습을 한 번 생각해 보십시오. 자신의 속사람에 대하여 깊이 성찰하고 대면해 보는 것입니다.

자신이 어떤 사람이라고 느껴집니까?

자신의 자아상을 다음과 같이 표현하는 사람들이 있었습니다. 이 중에서 당신 마음을 대신해 주는 표현이 있습니까?
- 못생기고 초라한
- 어두운 구석에 쪼그리고 앉아있는
- 무서워서 벌벌 떠는
- 항상 실패만 하는
- 다른 사람 눈치를 보고 있는
- 지저분한 옷을 입고 있는
- 다른 사람을 쳐다보면서 손가락을 입에 넣어 빨고 있는
- 아무에게도 안 보이려고 숨어 있는
- 사람들에게 나쁜 일만 일어나게 하는
- 냉혈동물 같이 차가운

조용히 마음에 떠오르는 대로, 마음속에 있는 자신의 모습을 말로 표현해 보십시오.

둘째, 자신의 마음속에 있는 속사람에 대한 생각을 하나님께 말씀드리면서 이런 자아상을 갖도록 한 대상이나 교훈, 그리고

사건은 어떤 것이었는지 생각해보십시오.

당신이 가진 생각은 우연히 만들어진 것이 아닙니다. 물론, 자아상은 본인 자신이 만듭니다. 그러나 그 소재는 주위 사람들과 환경이 제공해 줍니다. 가장 강력한 소재의 제공자는 육체적 생명을 만들어준 부모입니다. 부모와의 관계는 자아상이 갖춰지기 전에 이루어집니다. 그래서 부모가 아이를 대하는 태도와 감정은 곧 아이가 자신을 대하는 태도와 감정으로 연결됩니다.

채00의 이야기를 들어보면서 자신은 아무것도 못 하는 실패자라는 자아상을 갖게 된 과정을 살펴보겠습니다.

"전 항상 불안하고 제가 무슨 일을 하면 반드시 실패로 끝날 것 같아요. 그래서 어떤 일도 제가 선택하지 못하고 추진도 못합니다. 이런 문제의 원인을 내적치유세미나 기도시간에 깨닫고 해결되었어요.

다섯 살인 저와 세 살 된 제 동생이 함께 숫자를 세고 있는 거예요. 혼자 연습하면 잘되는데 아빠 앞에서는 자꾸 틀렸어요. 동생은 잘 세는데 저는 '마흔셋' 하면서 꼭 같은 부분에서 자꾸만 틀리니까 실망한 아빠는 주먹을 불끈 쥐고 저를 내려다보고 계셨어요. 그때 아빠의 몰아쉬는 숨소리가 제 귀에 너무나 크게 들렸어요. 저는 손에 땀이 나고 배가 땅기고 아빠의 주먹이 언제 내 머리를 칠지 몰라 눈치를 살폈어요. 계속해서 수를 세다가 몇 번이고 틀려서 아빠에게 맞았어요.

저는 이 장면을 기억하면서 지금도 아빠 앞에서 숫자를 잘못 세어 끙끙거리는 마음이 있어요. 그리고 '나는 실패한다'라는 생각이 저를 잡고 있음을 알았어요."

채OO 안에 떠오른 이 장면은 가족으로부터 받은 영향을 대표해 주는 사건입니다. 즉 자신을 열등한 존재로 생각하게 만든 원인의 상징적인 사건이므로 이에 대한 바른 처리는 자신을 새롭게 보는 출발점이 될 수 있습니다.

셋째, 그 사건을 하나님께 말씀드리고 그것으로 부터 풀려날 수 있도록 기도하십시오. 하나님께 그 사건을 말씀드리십시오. 그리고 사건을 통해서 잘못된 교훈이 무엇인지를 깨닫고, 생각이 바뀔 때 풀려 날 수 있습니다.

채OO가 이 사건으로 인하여 갖게 된 잘못된 교훈과 생각을 살펴보면 일정한 사이클을 찾아낼 수 있습니다. 즉 아래와 같이 생각이 빙빙 돌게 됩니다.

"나는 실패자다."
"왜냐면 내 동생보다 못하기 때문이다."
"내 동생보다 모든 것을 잘해야 실패자가 안 된다."
"하지만 나는 항상 동생보다 못한다."
"그러므로 나는 실패자다."

이런 생각은 하루에도 수십 번씩 독백이 되어 생각을 고정시킵니다. 이 생각은 사실 여부와 상관없이 마음 깊이 못처럼 박혀서 사실화되고, 실체화됩니다. 그리고 그 생각대로 자신에 대한 자아상이 만들어집니다. 이런 자아상은 본인 스스로 깨지 않는 한, 거의 평생 그 사람의 생각 속에 들어있게 됩니다.

채OO가 사회인이 되었을 때 어떤 모습이 될 수 있을까요?

물론 회사에는 동생도 없고, 동생보다 못한다고 야단치는 아버지도 없습니다. 하지만 그의 눈에는 수많은 사람이 동생처럼 보이고 아버지처럼 보입니다. 작은 실패에도 자신이 큰 실패를 한 것으로 느낍니다. 이미 실패자라는 생각에서부터 시작되었기 때문입니다. 남들보다 몇 배의 노력을 하지만, 항상 열등감과 싸우느라 삶은 피곤하고 창의력은 저하됩니다. 회사 사람들은 내가 실패자라는 사실을 확인하는 또 다른 잘난 동생으로 보이기 때문입니다. 그러므로 채OO가 열등의식에서 벗어나려면 내면의 부정적 자아상을 만들고 있는 잘못된 거짓말부터 처리해야 합니다.

우리 안에는 잘못된 생각들이 많이 있습니다. 하지만 이러한 생각을 처리하기가 쉽지만은 않습니다. 채OO을 통해서도 알았듯이 열등감을 만드는 실제적인 사건이 있었고, 그것이 인간관계의 경험을 통해 굳어지고 다져지게 되었기 때문입니다. 하지만 당신이 꼭 기억해야 할 지침은 어떤 사람의 입을 통해서나, 어떤 사건을 통해 얻게 된 교훈일지라도, 그것이 당신을 만드신 하나님에게서 온 말씀이 아니면 절대로 받아들여서는 안 됩니다.

넷째, 당신을 만드신 하나님은 당신을 어떤 사람이라고 말씀하실지 생각해 보시고 그것을 종이에 옮겨 보십시오.

하나님께서는 당신을 어떤 사람이라고 하실까요? 채OO의 아버지는 그녀에게 동생보다 못하는 바보라고 했지만 하나님께서는 채OO에게 무엇이라고 말씀하실까요?

다음에 나타난 진리의 말씀들을 들어보십시오.

하나님이 자기 형상대로 곧 하나님의 형상대로 사람을 창조하시되 남자와 여자를 창조하시고 (창 1:27).

그가 너로 인하여 기쁨을 이기지 못하여 하시며 (습 3:17).

너는 내가 택한 백성이며 내 친구 아브라함의 후손이다. 내가 너를 택하고 버리지 않았다 (사 41:8-9).

너는 내 종이다. 내가 너를 창조하여 내 종으로 삼았으니 내가 결코 너를 잊지 않겠다. 구름이나 안개가 사라지듯 내가 네 죄를 없애버렸다 (사 44:21-22).

여인이 어찌 그 젖먹는 자식을 잊겠으며 자기 태에서 난 아들을 긍휼히 여기지 않겠느냐 그들은 혹시 잊을지라도 나는 너를 잊지 아니할 것이라 (사 49:15).

내 부모는 나를 버렸으나 여호와는 나를 영접하시리이다 (시 27:10).

그분은 이렇게 말씀하십니다.
- 당신은 중요한 사람이라는 것입니다.
  어떤 부모에게서 태어났던지 말입니다.
- 당신은 소중한 사람이라는 것입니다.
  어떤 사람도 당신을 소중하게 대해 주지 않았을지라도 말입니다.

- 당신은 귀한 사람이라는 것입니다.
  당신이 그것을 알든지 모르든지 간에 말입니다.
- 당신은 하나님이 시키는 일을 할 수 있는 사람이라는 것입니다.
  하나님이 당신에게 그렇게 할 힘을 주시기에 말입니다.
- 당신은 사랑받고 있는 사람이라는 것입니다.
  예수님의 십자가를 통해 증명된 대로 말입니다.
- 당신은 주목받고 있는 사람이라는 것입니다.
  아무도 당신과 똑같은 사람 없이 유일하게 창조되었기에 말입니다.
- 당신이 필요하다고 주님은 말씀하십니다.
  누구도 당신이 될 수 없기에 말입니다.
- 당신은 절대적인 가치가 있는 사람이라는 것입니다.
  예수님을 주고 맞바꿀 만큼 말입니다.

다섯째, 하나님이 주신 생각을 매일매일 붙잡는 훈련을 하십시오.
- 매일 식사 시간마다 당신에게 말하세요.
  나는 이러이러한 사람이라고요.
- 매일 식사 시간마다 하나님께 말씀드리십시오.
  하나님이 너는 이러이러한 사람이라고 하신 말씀을 잊지 않겠다고요.
- 매일 식사 시간마다 사단에게 말하십시오.
  나는 너의 거짓말에 다시는 속지 않겠다고요.

하나님이 당신에게 하시는 말씀은 당신 스스로 가지는 느낌과 많은 차이가 있을 것입니다. 하지만 문제는 느낌이 아니라 무엇이 사실인지가 중요합니다. 바른 자아상은 자신에 대하여 무조건 좋게 생각하는 것이 아닙니다. 바르게 생각하는 것입니다. 사실을 사실대로 생각하는 것은 바른 자아상을 갖는 처음이자 시작입니다. 당신 안에 잘못된 자아상이 만들어진 이유는 당신이 잘못된 생각을 붙잡았기 때문입니다.

어떤 사람은 자기 우월주의에 빠져 있습니다. 자기가 모든 것을 할 수 있고 자기는 다른 사람보다 더 특별하고 더 귀하다고 생각합니다. 이러한 자아상 역시 열등한 자아상만큼이나 그의 인생에 해악을 끼칩니다. 그것은 거짓이기 때문입니다. 우리가 바른 생각을 붙잡는다는 것은 내 생각 속에 들어온 잘못된 거짓말을 몰아내고 사실을 받아들이는 것입니다. 잘못된 생각을 몰아낼 때 바른 생각을 받아들일 공간이 생기고 이 생각이 쌓여 바른 자아상이 만들어져 갑니다.

잊지 말아야 할 것은 자아상은 어느 날 갑자기 만들어지지 않는다는 점입니다. 그러나 계속되는 훈련을 통하여 반드시 바뀔 수 있습니다. 성령께서 진리가 당신 안에 심어지도록 도우실 것입니다.

나는 마음이 힘들어질 때 가끔 꽃집에 들러 아름다운 꽃 한 다발을 나를 위해 사 봅니다. 다른 사람이 아닌, 나를 격려하고 사랑해주고 싶은 마음 때문입니다.

4) 당신이 삶의 주체자임을 인정하고 책임의식을 갖는 습관을

길러갑니다.

마음의 상처가 낳을수록 피해의식으로 인해 자신의 책임을 전가합니다. 하지만 항상 너 때문에, 내 환경 때문이라는 태도에 머무르고 있다면 분노와 증오심만 커질 뿐입니다. 삶을 긍정적으로 만드는 주체자가 되십시오.

언젠가 MBC 방송에서 한 여인의 삶이 방영되었습니다.

그녀는 '좌골무형성증'이란 병으로 허리 아래가 아예 만들어지지 않은 채 태어났습니다. 하지만 그녀는 자동차 정비를 하며 열심히 살았습니다. 그리고 한 남자와 결혼해서 아빠를 닮은 아주 잘생기고 건강한 아이까지 출산했습니다. 그녀는 이런 말을 했습니다.

"항상 웃으면서 사니까 어려운 일도 잘 감당할 수 있어요. 그동안 하나님이 절 많이 도와주셨어요."

외모 때문에 얼마나 많은 사람이 부모를 원망하고 하나님을 원망합니까? 학벌 때문에 얼마나 많은 사람이 자신을 미워하고 세상을 원망합니까? 하지만 외적 조건은 조건일 뿐입니다.

하나님께서는 필요하다면 우리의 외적 조건을 바꿀 힘을 주시고 또 어떤 경우는 그 조건 속에서 최선의 선을 만들어낼 수 있는 기적을 주실 것입니다. 힘한 조건을 극복하며 승리한 사람들의 모습 속에서 우리는 격려 받으며 용기를 얻습니다. 외적 조건으로 점수를 매기는 이 세상에서 그들이 승리하며 살 수 있는 것은 그들 안에 가지고 있는 바른 자존감의 힘입니다.

어떤 파도가 몰려와도 자신에 대한 바른 자존감을 가지고 그 파도를 극복하는 사람들이 있습니다. 우리는 그 모습 속에서 하나님 형상을 닮은 참다운 인간의 모습을 봅니다. 자신을 미워함으로 평화를 잃어버린 사람에게 주님의 은혜는 흘러가지 못합니다. 이미 하나님께도 벽을 쌓아버렸기 때문입니다.

5) 계속해서 바른 행동을 선택합니다.
하나님과의 관계를 깨는 죄를 짓지 말아야 합니다.
'나'에 대한 바른 생각을 알게 되었다 해도, 삶 속에서 실질적인 죄가 있으면 계속해서 바른 생각을 붙잡을 힘이 없습니다. 죄는 하나님과의 관계를 단절시키고 우리의 가치를 공격하기 때문입니다.

죄를 지으면서 자신에게 자랑스러움을 느낄 수 없습니다.
자신에 대하여 수치심을 가장 많이 갖게 하는 죄는 성적인 죄입니다. 그래서 사단은 그리스도인들을 성적인 유혹으로 끌어들입니다.

"심심하지? 너 이렇게 해보지 않을래?" 하는 식이죠. 하지만 우리는 그것을 제안받았다고 생각하지 않습니다. 다만, 그런 생각이 우리에게 일어났다고 느끼겠죠. 이러한 생각이 들어오면 우리는 그 생각을 붙잡을 수도 있고 '에이, 안 돼!' 하며 떨쳐 버릴 수도 있을 겁니다.

만일 그 생각을 붙잡았다면 어떻게 될까요? 우리는 그 생각을 품게 되고 상상하게 되고 원하게 됩니다. 그래서 실제로 누군가와 성관계를 맺기도 하고 아니면 혼자서 자위행위를 할 수도 있을 겁니다. 그렇다면 이런 행위 후의 결과는 무엇일까요? 그것은 수치심과 자존감의 파괴입니다.

선교지의 선교사 중에서 성적 쾌락을 탐닉하는 습관에서 벗어나지 못하여 고통을 호소한 사람들이 있었습니다. 그들은 너무나도 자신을 혐오하며 죄책감에 시달리면서도 그런 행위를 끊지 못하겠다는 것이었습니다. 처음에는 물론 절제할 수도 있을 정도였겠지요. 하지만 무슨 행동이든지 반복하다 보면 습관이 되고 그것은 우리의 의지로 막아낼 수 없는 힘을 갖게 됩니다. 결국, 죄를 반복해서 짓는 사람은 죄의 종이 되는 것입니다.

섹스는 큰 힘이 있습니다. 하지만 성령의 힘은 더 큽니다. 하나님과의 관계를 소중히 지키고 싶다면 성적인 죄에서 돌이켜야 합니다. 이것은 중독으로 이어집니다. 내 의지만으로는 어려울 수 있으나, 잘못된 습관에서 돌이키기를 진실로 원한다면 성결의 능력은 반드시 주어집니다. 원하지 않기 때문에 받지 못한 것입니다. 죄나 잘못된 행위를 그치면 심심해질 것 같아서 진심으로 기도하지 않습니다. 마음은 그대로 두고 사람들의 눈이 두려워서 행위만을 고치려고 합니다. 이것은 진심으로 원하는 것이 아닙니다. 죄 된 행위가 주님과 교제를 방해하며 내 삶의 에너지를 뽑아가는 결박이라는 사실을 분명히 알고 이 결박에서 풀려나기를 간절히 원한다면 당신은 성령님이 도우심을 체험할 수 있습니다.

6) 남이 아닌 당신 자신으로 살아가는 것을 하나님의 명령으로 받아들이십시오.

열등의식에서 온전히 벗어나기 위해서는 내가 아닌, 다른 사람이 되고자 하는 헛된 노력에 더는 매달리지 말아야 합니다.

모든 사람은 각각 완전히 다른 존재로 지어졌습니다. 누구도 똑같은 기질, 똑같은 특징을 가지고 태어난 사람은 없습니다. 심지어는 일란성 쌍둥이조차도 말입니다.

열등의식은 비교의식에서 생겨납니다. 당신이 아무도 없는 무인도에 있다면 열등의식도 없을 것입니다. 비교의식은 하나님 나라에는 결코 없는 개념입니다. 비교란 같은 것끼리 이것과 저것을 견주어 보는 것입니다. 하지만 사람은 모두 다르게 만들어졌기에 비교할 수 없습니다. 소나무와 라일락을 비교하여 어느 것이 우월한지를 평가한다는 것은 맞지 않습니다. 이처럼 처음부터 다르게 만들어진 사람에게 획일적인 기준을 정하고 거기에 맞추어 비교한다는 것은 사단의 속임수이며 사단의 사고체계입니다. 당신이 근본적으로 이런 비교의식에서 벗어나지 못한다면 열등의식에서 벗어나기는 어렵습니다.

우리는 어릴 때부터 좋다는 것에 대하여 이미지를 제시받으며 자랍니다. '저것이 멋있는 것이다. 저렇게 되어야 사람들이 너를 인정해준다.' 이러한 지침 속에서 우리는 자신의 진정한 모습이 무엇인지 생각해 볼 겨를도 없습니다. 오직 그렇게 되어야 하는 허상을 만들어내기 위해 달려갑니다. 그러다 보니 지금 우리 사회에는 너무도 비슷해 보이는 사람들이 많이 생겨났습니다. 비슷한 얼굴, 비슷한 옷차림에 비슷한 말씨, 비슷하게 생긴 수많은 사람으로 거리는 넘칩니다. 어느 스타가 어떤 귀걸이를 했다 하면 그 귀걸이는 어느새 동납니다. 그러면서 생긴 역현상은 신주쿠 하라주쿠의 일본 거리에 기괴한 복장으로 걸어가는 일본 청소년들이며, 대학로를 누비는 이상한 옷차림의 대학생입니다.

하지만 이렇게 개성 있는 옷을 입었다고 해서 그가 자신을 찾은 것은 아닙니다. '나'의 정체성은 외면이 아니라, 내면의 얼굴입니다.

과학은 인간을 알기 위하여 현미경의 눈으로 인간을 낱낱이 파헤쳐 봅니다. 하지만 아무리 유전자의 염기서열을 완전히 해독했을지라도 인간을 찾아낸 것이 아닙니다. 진정한 자아는 현미경으로 볼 수 없기 때문입니다.

나는 언젠가 뉴욕의 맨해튼 거리를 걷다가 가던 발걸음을 멈추고 세계에서 모여든 수많은 사람을 지켜보았습니다. 수십 분간을 지켜보고 또 보아도 나와 똑같은 사람은 한 사람도 찾을 수 없었습니다. 동경에서도 북경에서도 로마에서도 방콕에서도 세계 어디를 가서 둘러보아도 '나'라는 사람은 온 우주에 하나밖에 존재하지 않습니다. 하나님이 자신의 형상을 따라 아주 독특한, 이 지구 상에 오직 하나밖에 존재하지 않는, 어떤 존재를 만드셨음을 믿으십시오.

그 누구와도 당신을 비교하지 말고 오직 예수 그리스도 앞에서 당신이 누구인지를 묵상하고 성찰하십시오. 당신 속사람을 다른 사람처럼 되라고 채찍질하지 말고 있는 그대로 용납하십시오. 그 속사람을 있게 만든 당신 부모님을 용납하고 당신 현실을 용납하십시오. 용납하지 못하여서 항상 자신과 갈등하고 자신을 미워하는 사람은 그 갈등을 돌아다니는 곳마다 퍼뜨리고 분쟁을 일으킵니다.

당신이 누구인지를 알기 원한다면 먼저 당신 내면을 만드신 그분을 알아야 합니다. 그분을 알아갈 때 당신은 자신을 더 잘 알게 됩니다. 당신이 남과 같이 되려고 애쓰지 않는다면 당신의 시간과 에너지는 훨씬 더 절약되며 유익하게 쓰일 것입니다.

7) 하나님의 가치관을 계속 배워가십시오

"너희는 이 세대를 본받지 말고 오직 마음을 새롭게 함으로 변화를 받아 하나님의 선하시고 기뻐하시고 온전하신 뜻이 무엇인지 분별하도록 하라"고 로마서 12장 2절에서 하나님은 권고하십니다.

이 세대의 무엇을 본받지 말아야 합니까? 그것은 이 세대의 가치관입니다. 세상의 가치관과 하나님의 가치관은 근본적으로 다릅니다. 우리가 하나님이 만드신 진정한 나를 알아가기 위해서는 가치관의 변화가 내 안에 깊이 일어나야 합니다.

가치관의 변화는 하나님이 중요하게 생각하시는 영적이고 영원성을 가진 것에 가치를 두는 것입니다. 세상 사람들이 중요하게 생각하는, 눈에 보이는 물질적이고 현세적인 가치관이 아닙니다. 사도 바울은 이러한 가치관의 변화가 분명히 있었기에 예전에 중요하게 여긴 것을 모두 다 배설물처럼 여기게 되었습니다. 그리고 오직, 예수 그리스도와 그 나라를 가장 중요하고 가치 있게 여긴다고 말합니다.

감정의 고통으로 인한 상처를 치유하려는 필요성을 느끼는 사람은 많습니다. 그러나 성경과 다른 세속적인 가치관을 변화해야겠다는 필요성을 느끼는 사람은 많지 않습니다. 근본적인 가치관의 변화가 있지 않는 한, 속사람은 계속해서 성장할 수가 없습니다.

당신은 무엇을 가장 중요한 가치 기준으로 삼고 있습니까?

당신이 무엇에 가장 예민한지 살펴보십시오. 무엇 때문에 가장 괴로워하고, 무엇 때문에 가장 화를 내는지 보십시오. 그것이 바로 당신이 가장 소중하게 여기는 가치입니다.

세상 사람들은 인간 내면에 있는 하나님의 귀한 형상을 보지 못하기에 한낱 기계로, 동물적인 삶으로 전락하고 말았습니다. 만일, 당신의 가치를 외적인 것들로 평가하고 당신만이 가진 독특한 존재의 가치를 믿지 않는다면, 당신을 성능 나쁜 기계처럼 다룰 것입니다. 사람은 자신을 동물이라고 주장하면 동물처럼 살고, 기계라고 생각하면 기계처럼 삽니다. 그러나 예수 그리스도를 통하여 우리에게 자신을 알리신 하나님은 우리의 내면이 그분의 형상을 따라 지어진 하나님의 자녀라고 하십니다. 동물도 기계도 아닌, 독특한 개성을 가진 신의 자녀들입니다.

행위와 훈련과 의지로 좋은 신앙인이 될 수 있다는 종교관은 그 또한 세상의 가치관에서 나온 것일 수 있습니다. 행위에 따른 평가는 세상의 가치관입니다. 하나님은 우리의 진정한 내면의 존재, 즉 속사람에게 초점을 맞추고 계십니다. 속사람이 하나님의 형상으로 이루어져야 하는 본제이기 때문입니다.

속사람의 성장이 바로 인간의 가치이고 그 개인만이 가지고 있는 독특성이며 사람됨입니다. 예수님이 우리 안에 내면화되어 인격으로, 언어로, 생각으로, 삶으로 나타납니다. 이것이 온전한 내가 되는 것입니다. 비교의식이라는 세속적 가치관이 아니라 예수님의 가치관에 의하여 자신을 완성해 갈 수 있습니다.

8) 봉사를 실천해봅니다.

인간은 하나님의 형상을 따라 만들어졌기에 하나님이 주신 지침에 따를 때 가장 건강하게 살 수 있게 됩니다. 신구약 성경 말씀을 모두 요약하면 두 가지 명령입니다. 첫 번째는 하나님을 사랑하는 것이고 두 번째는 이웃을 사랑하는 것입니다. 사람은 하나님과 이웃을 사랑할 때, 즉 하나님과 이웃에게 유익을 줄 때 삶의 생명력을 느낍니다. 반대로 누군가를 미워하고 원한을 품을 때 자신은 파괴됩니다.

예방의학적 관점에서 환자를 치료하는 일본인 의사 하루야 마시게오는 그의 책 '뇌내혁명'에서 이렇게 전하고 있습니다.

"인간의 건강은 뇌의 호르몬과 직접적 관련이 있다. 매사를 긍정적으로 생각하는 플러스 발상을 하면 베타엔돌핀이 분비되어 건강해지고 노화가 예방된다. 마이너스 발상, 즉 부정적 생각을 하면 뇌에서 노르아드레날린이라는 물질이 나오는데 이것은 대단한 독성을 지녀 병에 걸리거나 노화가 촉진된다.

창조주의 의지에 합당하게 살 때 뇌내 모르핀이 가장 많이 나온다. 아무리 행복하게 살고 싶어도 창조주의 의지에 역행하는 행위를 하면 점차 파멸로 나아간다. 뇌의 명령은 창조주의 명령과 일맥상통한다. 창조주가 의도하는 것은 자기실현이다."

건강한 인격으로 가치 있는 삶을 사는 사람들의 공통된 특징은 자기를 위하여 살지 않는다는 것입니다. 자기를 위하여 살지 않는 것은 성장해가는 삶의 특징입니다. 그리고 이 길은 자기를 위하여 가장 확실하게 사는 길이 되기도 합니다.

"죽기 위해 생명을 버리는 자는 생명을 얻을 것이요 살고자 하는 자는 죽을 것이라"(막 8:35)라고 주님은 말씀하십니다.

삼라만상을 보면 주님이 만드신 모든 피조물이 자기를 위하여 사는 것 같지만, 타인을 위하여 존재합니다. 나무의 삶을 보면 더욱 그렇고 미물도 자기 새끼를 위하여 자기를 버립니다. 처음 어린 시작은 돌봄이 필요하지만 성장할수록 그 삶은 나를 위한 삶이 아닙니다.

옥중시인으로 알려진 박노해 씨의 시 한 대목입니다.

"제 몸을 때려 울리는 종은 스스로 소리를 듣고자 귀를 만들지 않는다. 평생 나무와 함께 살아온 목수는 자기가 살기 위해 집을 짓지 않는다. 잠든 아이의 머리맡에서 기도하는 어머니는 자기 자신을 위한 기도를 드리지 않는다."

사형선고 받은 박노해 씨를 찾아온 그의 어머니 역시 이렇게 말씀하셨습니다.

"내가 백번 죽어 네가 살 수 있다면…."

주님은 우리에게 자기를 부인하고 나를 따르라고 하셨습니다. 자기를 부인한다는 것은 바로 남을 위한 내가 된다는 것입니다. 이것은 삶을 가장 바르게 사는 방법입니다.

자신에 대하여 열등감을 가진 사람은 항상 거대한 일을 하려고 합니다. 그러기에 오늘 아무것도 하지 못합니다. 우리가 출발해야 할 것은 하나님 앞에서 먼지처럼 작은 나, 그러나 참으로 특별한 나입니다. 내가 할 수 있는 작은 사랑을 바로 오늘 실천할 때 우리 안에 긍정적 자아실현이 되고 나의 자존감이 바르게 형성되기 시작합니다.

주님은 이 세상에 오셔서 남을 위해 자신이 줄 수 있는 모든 것을 다 주시고 더는 줄 것이 없을 때 돌아가셨습니다. 그분은 온 인류를 구하기 위해 오신 분이셨지만, 거창한 방법으로 사명을 실현한 것이 아니었습니다. 매일의 삶 속에서, 성령이 인도하시는 내면의 명령에 순종하며 자신에게 주어진 삶을 사셨습니다.

신앙의 은사는 누구를 위한 것입니까? 어느 것 하나 자신을 위한 것이 아닌, 타인을 위한 것입니다. 당신은 보냄을 받은 사람입니다. 한 송이 포도처럼, 한 알의 밀알처럼, 한 줌의 거름처럼, 당신 주위에 있는 누군가를 돕는 풍성한 삶을 위해 지금, 당신은 보냄을 받은 존재입니다. 당신으로 인하여 구원받고 행복해지는 인생길로 들어설 사람들이 당신 주위에 몰려 있습니다. 눈을 들어 바라보십시오. 당신의 아픔과 상처를 뛰어넘어 누군가의 아픔과 상처를 회복시키는 일을 위하여 하나님은 지금, 당신을 부르고 계십니다.

인도의 성녀였던 마더 테레사는 말합니다.

"난 결코 대중을 구원하려고 하지 않는다. 난 다만 한 개인을 바라볼 뿐이다. 난 한 번에 단지 한 사람만을 사랑할 수 있다. 한 번에 단지 한 사람만을 껴안을 수 있다. 단지 한 사람 한 사람 한 사람씩만. 따라서 당신도 시작하고, 나도 시작하는 것이다. 난 한 사람을 붙잡는다. 만일 내가 그 한 사람을 붙잡지 않았다면 난, 사만 이천 명을 붙잡지 못했을 것이다. -중략- 단지 시작하는 것이다. 한 번에 한 사람씩."

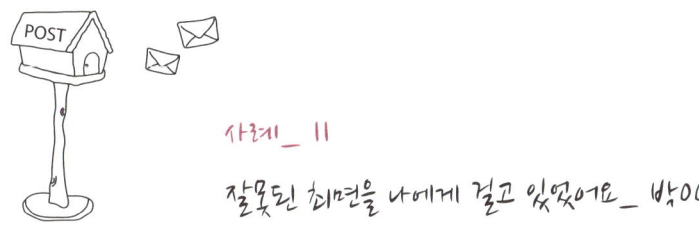

사례_ 11
잘못된 최면을 나에게 걸고 있었어요_ 박00

"저는 제 안에 치유해야 할 상처가 아주 많다고 생각했습니다. 누가 들어도 절대 행복하다고 볼 수 없는, 너무도 불행했던 어린 시절을 보냈기 때문입니다. 그래서 저는 염세적이고 내성적이며 아무도 사랑할 수 없다고 생각했습니다.

엄마를 심하게 구타하시는 아버지를 보았고 밥상 앞에서도 늘 싸우시는 부모님을 보았습니다. 결국, 엄마는 세 살 된 막내까지 두고 집을 나가셨고, 아주 가끔 학교로 저희 네 형제를 찾아오셨습니다.

어느 날은 그 사실을 알게 된 할머니가 '나쁜 것들 당장 나가지 못해!' 하시며 저희를 쫓아냈습니다. 그 날 동생들 손을 잡고 날이 어두워질 때까지 동네를 돌아다녔던 기억이 납니다. 너무너무 가난해서 집에만 있던 저는 유치원 다니는 친구들이 그렇게 부러울 수가 없었죠. 친구가 맛있는 것을 먹으면 '쟤는 왜 나 좀 안줄까'하고 쳐다보고 있던 내 모습이 가끔 떠오릅니다.

새엄마에게 혼날까 봐 집안일을 모두 도맡아 하던 초·중학교 시절의 기억, 무엇 하나 좋은 것 없는 주위 환경이었습니다. 그것이 저의 부정적이고 우울한 성격을 형성하는 주범으로 여겼기에 그 성격을 평생 고치기는 어렵다고 생각했습니다. 이것은 내 책임이 아니라 나를 이런 환경에서 자라게 한 누군가의 탓이라고

145

생각했죠. 그래서 교회를 다니면서도 가장 미워했던 사람은 아버지였습니다. 무능한 아버지….

그런데 이제야 알았습니다. 그러한 환경이 나를 도저히 고칠 수 없는 사람으로 만든 것이 아니라, 바로 나 자신이 속사람을 가두는 벽을 쌓아 가고 있었다는 것을요. 내적치유세미나의 짧은 과정을 통하여 지금까지의 내 인생이 나의 시각과 반대로 보였습니다. 똑같은 장면인데도 다르게 생각이 들었습니다. 전 행복한 사람이었습니다.

아주 어린 시절에 제 옆에는 엄마가 계셨고 엄마는 저를 보고 기뻐하신 모습이었습니다. 할머니는 우리를 괴롭히기만 하고 엄마에게 욕만 하시던 분으로 생각했었습니다. 그런데 평생 고생만 하시다 돌아가신 불쌍한 분이라는 생각이 들면서 할머니가 그립고, 가슴 저리도록 보고 싶었습니다. 아버지는 자신 외에 어느 것에도 관심이 없고, 우리 곁에서 엄마를 떠나게 했던 분이었기에 죽을 때까지 사랑할 수 없다고 생각했습니다. 그런 아버지 곁에서 하나님은 또 한 분의 아빠로 계시면서 저를 돌보고 계셨습니다. 제가 아플 때, 힘들어할 때, 죽고 싶을 때, 위험에 처해 있을 때, 늘 주님이 함께 계셨습니다.

그리고 주님은 부모님을 안고 있는 저의 모습을 보여 주셨습니다. 놀랍게도 제 안에 사랑의 씨앗이 있었습니다. 아무도 사랑할 수 없을 것 같았던 저의 가슴에 사랑의 씨앗이 자랄 수 있음을 알았습니다. 나의 잘못된 시각과 한쪽으로만 굳어진 생각이 나 자신을 우울하고 음침한 우물 속에 가두고 있었습니다. 나의 환경이 아니었습니다. 바로 '나'였습니다."

5장

성적인 상처로부터 반드시 치유되어야 합니다

성적인 상처로부터 반드시 치유되어야 합니다

"난 바보 같은 그 소녀를 죽이고 싶었습니다. 내 머리 한쪽을 잘라서 그 기억이 지워질 수만 있다면 어떻게 해서라도 수술을 받고 싶었습니다. 그 남자는 용서 되었지만, 나는 용서가 안 됐습니다. 아무리 하나님이 귀한 딸이라고 하셔도 나를 좋아할 수도 없고, 나와 평화롭게 지낼 수도 없습니다."

성폭행의 상처로 우울증에서 헤어나지 못한 한 자매의 절규입니다. 성적인 상처는 삶에 미치는 영향이 너무나 큽니다. 성이란 다만 육체적 접촉에서 끝나는 것이 아니라, 인간의 영혼을 만지는 것이기 때문입니다.

하나님은 인간을 직접 만드실 수도 있었지만, 이 놀라운 특권을 인간에게 주셨습니다. 능력이 많아 보이는 사단도 인간을 만들어 내지 못합니다. 오직 인간만이 인간을 탄생시킬 수 있습니다. 그런데 이러한 인간의 탄생은 바로 남녀의 성관계를 통해서 하나님 형상을 닮은 생명이 잉태된다는 사실입니다. 이 얼마나 귀중하고 신비한 특권입니까! 하나님이 모든 자연 만물을 만드신 후에 가장 기묘하고 위대한 정점에서 인간을 만드신 것처럼, 인간은 성을 통해 하나님이 행하신 신성하고 거룩한 일을 대신합니다.

'성'이란 신성한 창조주가 부여하신 위대한 권능이며, '성관계'란 신비롭고 성결한 것입니다. 인간의 성기 자체도 아름답고 거룩하고 신성한 것입니다. 하나님 일을 위해 쓰인 성전의 모든 기구가 거룩하게 구별되듯이 하나님의 창조 역사를 대신하는 인간의 성기 또한 거룩하게 구별되어야 합니다. 그런데 인간 안에서 하나님의 창조를 돕는 가장 아름답고 거룩한 부분이 이제는 수치와 죄악과 타락의 상징으로 전락하였습니다. 이 모든 것은 죄와 이것을 이용하는 사단의 사악한 계교 때문입니다.

하나님이 말씀하신 성생활의 원칙을 잘 지키는 것이 거룩하게 구별되는 것입니다. 거룩한 곳이 더럽혀질 때 그 수치는 더욱 큽니다. 그러기에 죄를 짓고 난 직후, 아담과 이브는 수치심과 두려움을 느끼며 제일 먼저 자신의 성기를 가리고자 했습니다. 성은 이렇게 중요한 부분이기에 피해를 봤을 때는 어떤 상처보다도 더욱 치명적입니다. 그래서 아무리 오랜 시간이 지나도 그 상해는 쉬워지지 않습니다.

비록 그 사건은 잊혔지만, 그로 인해 들어온 독은 끊임없이 사람을 망가뜨려서 축복으로 시작한 결혼을 점진적으로 파괴해 갑니다. 성적 피해로 인한 상처가 사람 안에서 무슨 독을 만들어 내는지, 그리고 가정에 어떠한 영향을 미치는지에 대하여 사례를 통해 살펴보겠습니다.

성폭행 피해 사례

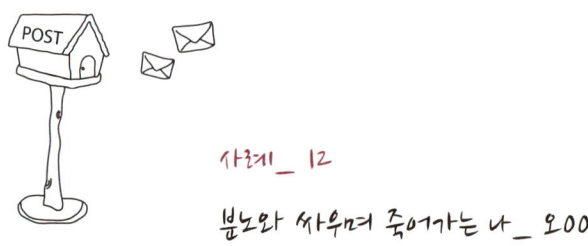

사례_ 12
분노와 싸우며 죽어가는 나_ 오00

"저는 한 남자의 아내이자 두 아이의 엄마입니다. 아내란 '안의 해 즉, 집안의 해'와 같은 존재라고 하더군요. 저도 하얀 면사포를 쓰고 결혼하는 날, 이런 존재가 되고 싶었습니다. 제 손을 잡고 있는 남편을 올려다보며 그에게 나의 모든 사랑을 바치리라고 마음속 깊이 다짐했습니다.

저는 중학교 3학년 때 예수님을 영접했어요. 그때부터 지금까지 교회 봉사는 내 삶이었습니다. 그리고 지금도 구역장에 유치부 부장으로 일하고 있습니다. 하지만 언제부터인가 나는 '집안의 해'가 아니라 집안을 어둡게 하는 폭군으로 변해 가고 있었습니다. 아이들이 조금이라도 내 뜻을 거스르면 불같이 화가 났습니다. 그뿐만 아니라, 남편에게 자꾸만 의심이 생겼습니다.

출장을 간다 해도 어딘가 나쁜 짓 하러 가는 것 같고, 조금만 늦게 와도 바람피우다 온 것 같은 상상이 들었습니다. 이런 상상을 지우려고 별짓을 다 해보았지만, 아무 소용이 없습니다. 갈수록 의심병은 깊어져서 밤이면 불면증까지 겹치게 되었지요.

제가 이렇게 변해 가다 보니 남편과 싸우는 일이 잦아지고 우리는 거의 파경에까지 이르렀습니다. 교회에서도 마음이 편치가 않습니다. 사람들도 잘못하는 것만 보이고 누구 하나 마음에 드는 사람이 없었습니다. 저는 그들을 정죄하며 비판했습니다. 사람들은 점점 나를 떠나가고, 나는 그들을 욕했습니다. 그렇지만 나는 무엇이 잘못된 것인지 알 수가 없습니다.

화를 내고 싶은 사람이 어디 있겠습니까? 하지만 아이들을 보면 분노가 치밀어 오릅니다. 남편을 믿고 싶지만, 꼬리를 물고 생기는 의심을 막을 수가 없습니다. 한쪽 머리를 잘라버릴 수도 없고…. 정말 제가 원하던 가정은 이것이 아니었는데 왜 이렇게까지 되었을까요?"

또 한 사람의 사례를 살펴보겠습니다.

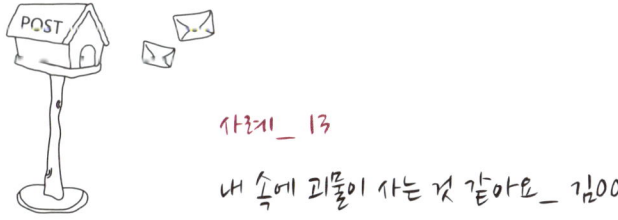

사례_ 13
내 속에 괴물이 사는 것 같아요_ 김00

"가끔, 저 자신에 대해서 너무도 놀랄 때가 있어요. 평소에는 누구에게도 별로 화도 못 내고, 말도 크게 하지 못하는 성격인데 아이들에게는 마치 화산 터지는 것 같은 분노가 일어나는 거예요. 한 번은 큰 아이가 동생과 놀면서 서로 장난감을 가지겠다고 옥신각신하기에 너무 화가 나서 큰 아이 머리를 계속 벽에 찧으며 죽여 버리겠다고 소리를 질렀어요. 아이가 놀란 것은 물론이지만, 그날 저 자신에게 너무 놀랐고 나를 용서할 수 없는 비참함으로 하루를 지새웠습니다. 그 시간에 분명히 어린아이를 죽이고 싶다는 생각이 들었기 때문이에요.

어떻게 엄마인 제가 이런 감정을 가질 수 있을까요? 하지만 아무리 후회하고 다짐해도 또다시 비슷한 상황이 벌어져서 큰 애가 작은 애를 귀찮게 한다는 생각만 들면 앞뒤 생각 없이 분노가 폭발해요. 이런 횟수가 점점 잦아지다 보니 이제는 큰 아이가 저를 보면 두려워하고 경계하는 모습을 보이는 거예요. 그 모습이 얼마나 가슴을 찌르고 속상하게 하는지, 나를 어떻게 해야 좋을지, 내 속에 뭐가 들어 있어 이러는지 미치겠더라고요. 매일매일 듣는 설교 말씀은 모두 어디로 가고 아무리 예수님을 불러도 소용이 없었어요."

성폭행 피해자에게 나타나는 증상

위의 두 사례 모두 성폭행 상처가 현재의 삶에까지 부정적인 영향을 미치는 것을 보여주고 있습니다. 두 사례자뿐만 아니라, 성폭행 고통을 당한 피해자들은 다음과 같은 마음의 문제를 지니고 있습니다.

1) 폭발적인 분노

성폭행 피해자는 분노를 만들어 내는 공장을 마음에 만들어 버립니다. 분노는 결코 우연히 느껴지는 것이 아닙니다. 반드시 그 감정이 만들어지는 원인이 있습니다. 그러나 대부분의 근본적인 원인은 숨겨져서 보이지 않고 표면적인 이유만 보이기 때문에 그 상황만을 처리하려고 합니다.

위의 두 사람 모두 자녀에게 자신도 놀랄 만큼의 폭발적인 분노를 터트렸습니다. 물론 아이들이 장난감을 치우지 않고 옷을 더럽히고 다녔기에 화를 냈다고 생각하겠지만, 두 사람의 분노는 상황에 맞는 정도가 아니었습니다. 마치 갑자기 마각을 드러내는 괴물처럼, 둑이 터지는 것 같은 분노였습니다.

아이들은 자신의 잘못을 인정할 때 부모가 화내는 것에 오히려 교훈을 받으며 자중하게 됩니다. 하지만 부모가 자신의 감정에 휩싸여 분노할 때는 깊은 상처를 받게 됩니다. 김OO의 큰 아이는 엄마를 보면 경계심을 갖고 두려워합니다. 아이의 이런 모습은 김OO를 더욱 자극하는 결과를 가져와서 결국은 악순환이 계속되는 것입니다. 안타까운 것은 이러한 분노는 어떠한 결심으로도 통제가 어려우며 습관이 되어버린다는 사실입니다.

2) 자신을 혐오하는 깊은 수치심

성폭행의 상처로 인한 수치심은 일반적으로 가볍게 느끼는 수치심이 아닙니다. 자신을 죽이고 싶을 정도의 수치심입니다. 자존감을 깡그리 없애는 수치심입니다. 모든 얼룩을 다 지우는 독한 잿물을 쓴다 해도 도저히 지울 수 없을 것 같은 기분이 드는 수치심입니다. 이것은 마치 독을 마신 것 같이 온몸에 퍼져 삶 전체에 영향을 줍니다. 자신감을 잃어버리고 항상 무언지 모를 죄책감 속에 빠져 있으며 두려움을 일으킵니다.

이러한 수치심이 생기는 원인은 인간의 성이 단지 신체의 한 부분만이 아니라, 인간의 영혼까지 연결된 가장 핵심적인 부분이기 때문입니다. 성에 대한 더럽혀짐은 존재의 더럽혀짐이 되어 삶을 갉아먹는 수치심을 만들어 냅니다.

3) 열등하고 부정적인 자아상에 묶임

일을 성공적으로 끝냈어도 그 성취감이 수치심을 덮고 자존감을 회복시켜 주지는 못합니다. 깊은 내면에서 '너는 쓰레기야', '니는 다 끝났어', '너는 더러워' 등의 파괴적인 자기인식의 소리가 끊임없이 울려 나옵니다. 외적으로 자신을 아무리 포장한다 해도, 내면 깊은 곳에서 울리는 이 소리를 당해내지 못합니다. 이러한 수치심이 깊이 숨겨져 있을수록 삶은 중간의 모습 없이 모든 것에서 극과 극의 모습으로 나타납니다. 자신감에 차 있다가도 조금이라도 험담을 들으면 바닥부터 흔들려 극단적인 열등감에 사로잡힙니다.

티끌 하나 없이 자신의 주변을 정돈하고 자기를 정돈하다가도 어느 때는 자신을 아예 시궁창에 던져 넣기도 합니다. 자신을 전혀 귀하게 여기지 않고 혐오하기 때문입니다.

4) 신뢰의 힘이 약함

신뢰란 건강한 마음에서 만들어진 열매와 같습니다. 하지만 성폭행으로 인해 고통스러운 아픔을 가진 마음은 신뢰라는 열매를 맺기가 어렵습니다. '모든 남자는 다 도둑놈이어도 내 남편만은 달라'하고 굳게 믿지만, 시간이 지날수록 쉽게 남편을 의심합니다. 남편도 마찬가지로 아내를 의심합니다. 이성적으로는 그렇지 않으리라고 생각하지만, 의심은 여전히 일어나고 끊임없이 자랍니다. 그래서 점점 구체적인 상상을 하게 됩니다. 무서운 것은 상상이란 것이 처음에는 자신도 불합리하고 말도 안 된다고 스스로 생각하지만, 자꾸 반복하다 보면 거의 사실처럼 생각된다는 것입니다. 남편이 무슨 말을 해도 거짓말처럼 들려서 고통스럽습니다. 고통에서 벗어나기 위하여 자신의 의심이 사실임을 증명하려고 끊임없이 남편과 자신을 괴롭힙니다.

이는 성폭행의 피해로 사람 보는 마음의 눈이 상처를 받아서 누구도 정상적으로 보이지 않기 때문입니다. 이렇듯 상처 입은 마음의 눈을 가진 배우자 앞에서는 누구도 편히 쉴 수 없을 것입니다.

5) 문란한 성생활과 죄책감에 묶임

수치심이나 자신에 대한 혐오감은 마음을 고통스럽게 합니다. 고통이 너무나 심해서 외로움이나 수치심을 잊게 할 무언가를 찾게 되는데 성폭행 피해자는 그 마음의 고통을 성적인 방법으로 풀어나가는 경우가 흔합니다. 습관적인 자위행위로 다스릴 수 없는 마음의 허전함이나 외로움, 절망 등을 잊어버리려 합니다. 또한, 기분에 따라 어떤 상대든지 쉽게 성관계를 맺기도 하며 동성연애에 빠져들기도 합니다. 이렇게 성적으로 문란한 생활을 계속할수록 '나는 본래부터 더러운 사람으로 태어났어.'라는 식의 잘못된 자아상과 함께 죄책감과 정죄감을 갖게 됩니다. 이러한 잘못된 죄책감은 결국, 상황 판단을 흐리게 하여 자신이 피해를 봤음에도 불구하고 오히려 '무언가 내게 잘못이 있어서 그 사람이 이렇게 했을 거야'라는 식으로까지 생각하게 됩니다. 특히 성폭행을 한 상대가 가족이거나 가까운 사람일수록 이러한 태도로 사건을 해석하여 자신을 학대합니다.

성폭행 피해자의 말을 옮겨 봅니다.

"그 아저씨가 그렇게 하고 난 후 항상 과자를 주었어요. 전, 그것이 좋았어요."

"아주 어린 나이였는데도 그 아저씨가 그렇게 하는 것이 싫지가 않았어요. 어떻게 된 것일까요? 이 말을 하는 것이 너무 무서웠어요. 성폭행당한 것보다도 무서운 것은 제가 그것을 싫어하지 않았다는 사실이에요. 전… 처음부터 더러운 애로 태어난 것 같아요. 하나님도 저의 이런 면은 용서하실 수 없을 것 같아요."

"저는 항상 성적인 상상을 하고 밤마다 자위행위를 해요. 어떤 사람을 봐도, 심지어는 교회 가서 사람들을 보면서도 성적인 상상을 하며 앉아 있어요. 하나님은 아실 거예요. 이런 제 모습을 보면 기분이 어떤지 아세요? 정말 교회를 뛰쳐나가고 싶지만 갈 데가 없어요. 그나마 하나님이 계시는 것을 아니까 이곳을 나가면 끝이라는 생각이 들거든요. 전 음란한 귀신에 사로잡혔나 봐요. 그러니까 그 사람이 저를 그렇게 성폭행했던 것 아닐까요? 제게 이상한 기운이 느껴지니까 그런 짓을 한 것 아닐까요?"

성폭행 피해자 중에 너무 안타깝고 잊을 수 없는 사람이 있었습니다. 그녀는 결혼한 지 채 일 년이 안 되었습니다. 결혼 전에도 그랬지만, 결혼 후에도 몇 번의 자살을 시도했습니다. 자살하기 위해 택한 방법도 잔인하고 끔찍했는데 상담실을 찾았을 때는 염산을 먹어서 식도와 위가 심히 망가져 버린 상태였습니다. 살아있는 것이 기적처럼 보였습니다. 그러나 더 심각한 문제는 여전히 살려는 의지가 전혀 없어 보인다는 점이었습니다.

이제 결혼 일 년 정도의 신혼인 사람이 말입니다. 남편은 이 여자를 진심으로 깊이 사랑하고 불쌍히 여기고 있었습니다.

"왜 죽으려고 했습니까?"

"그냥 살기 싫어서요."

어떤 질문을 해도 그녀는 오직 한 가지 대답, 살기 싫다는 것뿐이었습니다. 공허한 눈빛이 이미 삶을 포기한 것 같았습니다. 그리고 말하기도 귀찮다는 듯이 겨우 대답했습니다.

"재미없어요. 사는 것이…."

"그런데 왜 결혼했습니까?"

"남편이 저를 사랑해요. 나도 그 사람이 편했고요."

그 말도 진심으로 느껴졌습니다.

그러나 남편의 사랑도 그 여인의 마음에 희망이라는 삶의 의지를 불러 일으키지 못했습니다.

"교회는 다닙니까?"

"아니요. 가기 싫어요."

"왜요?"

"거기는 깨끗한 사람만 다니는 거잖아요. 하나님은 깨끗한 사람만 좋아하잖아요."

"깨끗한 사람? 그럼 본인은 깨끗하지 않다고 생각합니까?"

"그렇죠."

당연한 걸 물어본다는 듯 심드렁하게 말을 던졌습니다. 대화가 진행되는 동안 그녀에게서 삶의 의지를 빼앗아 가는 정체가 무엇인지 조금씩 드러났습니다. 그것은 성폭행으로 인한 뿌리 깊은 자기혐오였습니다. 그녀는 그 사건을 힘들게 털어놓았습니다.

가족의 제사가 있던 날, 일가친척이 다 모여서 방이 부족하자 아이들을 한 방에서 재우게 되었는데 바로 곁에서 자고 있던 사촌 오빠에게 성폭행을 당한 것입니다.

"하지만 난, 그 오빠를 조금도 원망하지 않고 미워하지 않아요."

"왜요? 당신은 피해자잖아요."

"아니에요. 난 본래 그런 죄 많은 사람이에요. 그 오빠의 죄가 아니에요."

"본래 그런 죄 많은 사람이라니요? 왜 그렇게 생각하시죠?"

"전 아무 남자하고나 자거든요. 남편하고 결혼하기 전까지 아무 남자하고나 잤어요. 제가 더러운 사람이니까 그러는 거잖아요."

이렇게 성폭행 피해자들은 수치심으로 인해 자기를 혐오하고, 자포자기의 마음으로 문란한 생활을 쉽게 합니다. 또한, 마음이 아플수록 그 욕구를 성관계로 해결하려고 합니다. 그러다 보니 실제로 자신은 더러운 사람이라고 생각하게 되고 성폭행 사건까지도 자신에게 책임을 돌려버립니다. 더욱이 성폭행을 한 상대가 친척이나 윗사람인 경우에는 감히 상대에게 죄를 돌리지 못하기에 모든 잘못은 자신에게 있다고 스스로 생각해 버립니다.

한번은 세미나를 진행하던 중에 한 자매가 호흡곤란으로 쓰러졌습니다. 자매는 강의 중에 갑자기 아주 어린 아이였던 자신이 성폭행당하는 장면이 떠올랐던 것입니다. 그 사건을 직면하자 호흡곤란을 일으킨 것입니다. 상대는 아버지 같은 사람이었고, 교회의 영적 지도자였습니다. 하지만 자매는 부모처럼 자신을 돌봐준 고마운 분이 그렇게 나쁜 짓을 할 리가 없다는 희망에 매달렸습니다. 실제 피해를 보면서도 '이것은 너를 위한 것이다'고 했던 상대의 말을 믿고 싶어 했습니다.

가끔 성폭행당한 장면이 꿈으로 나타나기도 했지만, 그것은 사실이 아니라고, 꿈이라고 자신을 세뇌했습니다. 그리고 지금까지 오직 그 사람이 했던 말에 매달리며 거짓된 안정을 잡고 살았습니다.

'나를 위해 그러신 거야. 나를 위해서….'

자매는 그 사건을 인정할 수 있는 용기가 없었습니다. 그것을 인정한다는 것은 엄청난 공포였습니다.

왜일까요?

만일 아버지처럼 의지하고 살았던 상대가 치한임을 인정한다면 의지할 대상이 사라지기 때문입니다. 이런 상태는 어린 자매에게 더 큰 공포였습니다. 그래서 오랜 시간 동안 자매는 '그 일은 나쁜 일이 아니다. 나에게 좋은 것이니까 그분이 그렇게 했다'라고 자신을 스스로 세뇌했던 것입니다.

이렇게 상대가 아버지나 자신의 보호자 역할을 하는 사람일 때, 또는 다른 사람이 보기에 아주 존경스런 사람일 때 그들이 나빠서 자신에게 그런 일을 저질렀다고 생각하기 어렵습니다. 결국, 모든 책임을 자신에게 돌려 스스로 미워하면서 자신을 파괴해 갑니다.

6) 부부간의 성생활에 부정적 영향

부부관계 문제로 고통스러워하는 어떤 피해자의 호소입니다.

"신혼 때는 잘 몰랐어요. 그런데 시간이 지날수록 남편과 성관계를 하려고 하면 기분이 나빠지고, 남편이 제 몸을 만지는 것도 싫어요. 이러면 안 된다 싶어 이를 악물지만, 도저히 안 되는 거예요. 남편은 제가 이러는 이유를 모르니 굉장히 상처를 입는 것 같아요. 제가 남편을 싫어한다고 믿나 봐요. 이러다 보니 남편과 관계도 나빠졌어요. 하지만 도저히 억지로는 안 되는데 어떡해요? 남편에게 미안하고 괴로워서 그 순간 내 정신을 마취라도 시키고 싶어요. 마약이라도 먹으면서 제 끔찍한 감정을 잊고 싶어요."

부부의 성생활은 다만 육체적 행위가 아닌 두 사람을 정신적, 영적으로 하나가 되게 하는 놀라운 힘이 있습니다. 부부간에 사소한 갈등이 있어도 건강한 성생활을 하고 있다면 그 부부는 문제가 없습니다. 하나님은 인간의 약함을 아시기에 부부의 하나 됨을 돕기 위해 성생활을 만드신 것이 아닌가 생각합니다. 물론, 성생활을 하지 않고도 서로가 깊이 사랑하는 부부도 있습니다. 하지만 성은 어떤 언어표현보다도, 어떤 약속보다도 두 사람을 하나 되게 하는 가장 강력한 힘이며, 무무간에 가장 진밀한 대화입니다. 그러기에 고린도전서는 다음과 같이 주의를 환기시키고 있습니다.

창녀와 합하는 사람은 그와 한몸이 된다는 것을 알지 못합니까? (고전 6:16, 표준새번역).

그러므로 부부간의 성생활이 거룩하게 잘 지켜지도록 성경은 명령하고 있습니다.

> 아내는 자기 몸을 마음대로 주장하지 못하고, 남편이 주장합니다. 이와 마찬가지로 남편도 자기 몸을 마음대로 주장하지 못하고, 아내가 주장합니다. 서로 물리치지 마십시오. 여러분이 기도에 전념하려고 하여, 얼마 동안 떨어져 있기로 합의한 경우에는 예외입니다. 그러나 그 뒤에 다시 합하십시오. 여러분이 절제하지 못하는 틈을 타서, 사탄이 여러분을 유혹할까 염려되기 때문입니다 (고전 7:4-5, 표준새번역).

성폭행의 상처로 인해 배우자를 받아들이지 못하고 성관계가 고통 자체라면, 자신뿐만 아니라 배우자에도 큰 상처를 주게 됩니다. 배우자는 인격적인 모독을 느끼게 되고, 자신의 존재가 거부당하는 거절감을 느낄 수밖에 없을 것입니다. 실제로 자기 부인에게 혹은 남편에게 성적인 거절을 당하여 마음 깊이 분노와 수치심으로 증오를 품고 있는 사람들을 수없이 보았습니다. 이러한 경우를 틈타서 사단은 얼마나 간교하게 역사하겠습니까! 배우자에 대한 분노는 외도의 가장 대표적 원인이 됩니다.

성폭행 피해자의 치유와 변화

앞에서 소개한 두 사례자의 치유 과정을 소개합니다. 먼저 '분노와 싸우며 죽어가는 나'의 오00의 이야기입니다.

"나의 현재 삶이 어릴 때 당한 성폭행과 관련이 있다고 생각한 적은 없습니다. 그래서 성폭행의 문제가 아니라, 현재 내 삶의 문제를 치유하고자 세미나에 왔습니다. 그런데 주님은 제게 수치스러운 사건과 그로 인해 만들어진 나 자신을 보게 하셨습니다. 고통스러웠으나 그것이 치유의 시작이었습니다.

저는 식구 많은 칠 남매 가정에 여섯째 딸로 태어났습니다. 둘째 오빠는 유난히 저를 사랑해 주었습니다. 그런데 제가 초등학교 5학년이 되었을 즈음, 어느 날 잠을 자고 있었는데 몸이 이상해서 눈을 떠보니 오빠가 성폭행을 하고 있었습니다. 하지만 나는 오빠에게 아무 말도 할 수 없었고, 그 사실을 누구에게도 말할 수 없었습니다. 그리고 그런 일은 한 번으로 끝난 것이 아니라 여러 번 계속되었죠. 그러다 보니 나중에는 별로 이상하게 생각지도 않고 그냥 받아들이면서 살았습니다. 그 후, 고등학생

때부터 크게 생각지 않고 다른 남자들과 성관계를 했습니다. 여러 번 낙태수술도 하면서 문란한 성생활은 결혼 전까지 계속되었습니다.

하지만 좋은 남편을 만난 후 그런 생활은 끝이 났습니다. 15년이 넘은 세월이 흐른 지금, 모든 일은 과거 속에 묻힌 것이려니 생각했습니다. 그러나 제 마음 깊은 곳에서 큰 영향을 주고 있었습니다. 남편을 의심하는 것, 아이들에게 화를 내는 것, 그리고 교회 사람들을 정죄하는 모든 원인이 오빠에게 당한 일과 관련이 있음을 알게 되었습니다.

오빠에게 성폭행을 당한 이후 나는 무언지 모르지만, 부모님과 친구들에게 수치스러운 비밀을 가진 사람이 되어버렸습니다. 나 자신을 지나칠 정도로 수치스럽게 생각하는 열등의식이 오히려 나를 포장하고, 다른 사람을 비난하는 사람으로 만들어가고 있었습니다. 오빠에게 성폭행당한 그 날부터 지금까지 죄책감과 수치심으로 나와 내 가정을 망가뜨리고 있었습니다.

지금 간증을 쓰고 또 공개해도 좋다고 말씀드리는 것은 주님이 나를 용서하셨고, 새롭게 하셨음을 알았기 때문입니다. 주님께서 나를 새로운 피조물로 만드신다고 하신 것은 너무나 깊은 뜻이 담겨있는 말씀이었습니다. 이제 그것을 나의 삶 속에서 누리게 되었습니다."

오00는 이 문제에 대하여 처음으로 주님과 구체적인 이야기를 나누었다고 하였습니다. 그리고 과정은 자세히 나와 있지 않으나 주님은 그녀 안에 기적을 행하셨습니다. 그로 인하여 성폭행 사건에서 오는 독소로부터 자유를 얻을 수 있었고, 사건을 담담히 공개할 수도 있게 된 것입니다.

　두 번째 '내 속에 괴물이 사는 것 같아요' 사례자인 김OO의 주님과 가진 치유과정은 어떤 것이었을까요?
　그의 이야기를 계속 들어 봅니다.
　"이런 괴로움 속에서 하루하루를 보내다 내적치유세미나에 참석하게 되었어요. 그리고 처음으로 제 안에 분노의 원인이 있다는 것을 알게 되었습니다. 제가 중학교 때 교회 목사님 아들에게 당한 성폭행이었습니다. 그 일은 아무에게도 말할 수 없는, 가슴 깊은 상처였습니다. 그리고 어떻게 해결될 수도 없는 문제라고 생각했기에 다만 잊으려고 노력했으며, 다 잊힌 줄 알았습니다.
　하지만 기도 중에 성폭행 장면이 떠오르면서 완전히 자포자기한 저의 모습을 주님은 깨닫게 하셨습니다. 제 모습이 보이는데 일어서려고 하지도 않고, 아무 희망도 없이 그대로 누워있었습니다. 저는 아무 소용도 없고 이제는 모든 것이 다 끝났다는 생각만 하고 있더라고요. 그런데 그 장면 속에서 제 손을 잡고 간절히 기도하시는 주님의 모습을 보았습니다. 일어서지도 않고 차가운 땅바닥에 누워있는 저를 보며 주님은 너무 속상하고 슬퍼하신 것 같았어요. 그리고 제가 일어날 때까지 그렇게 앉아 기도하셨어요. 저는 주님의 그 모습을 보면서 저를 이렇게 만든 그 사람을 용서하겠다고 하였습니다.
　하지만 무언가 답답한 마음에 상담하게 되었습니다. 상담 중에 제가 상대보다 더 미워하는 대상이 있음을 알게 되었어요.

그것은 바로 바보 같은 저 자신이었습니다. 옷을 벗겨도 싫다는 말도 못하고, 떨고만 있는 저 자신이 죽이고 싶도록 밉고 싫었어요. 상담자는 저에게 자신을 용서하라고 하셨습니다. 저는 도저히 못 하겠다고 했습니다. 그러자 용서하는 것은 주님의 명령이라고 하시더군요. 그리고 저를 위하여 기도해 주셨습니다.

그런데 마치 날카로운 철삿줄이 제 목에서 끊어지듯이 무언가가 제 안에서 사라졌습니다. 바로 그때, 남편과 아이들을 진정으로 사랑하지 못한 이유가 저의 낮은 자존감이었다는 것을 깨달았습니다. 그리고 왜 유독 큰 아이에게만 살의 같은 감정을 느꼈는지도 알았어요. 큰 아이가 어린 동생을 괴롭히는 모습은 강한 사람이 약한 사람을 괴롭히는 것으로 연상되었어요. 그리고 그것은 곧 나를 폭행한 그 남자로 연상되었기 때문이었어요.

저는 성폭행한 그를 용서했습니다. 그리고 거절하지도 못하고 누워만 있던 천치 같은 저 자신도 용서하면서 자유롭게 주님의 품에 안겼습니다. 처음으로 내 속사람이 밝은 세상으로 나오는 거였어요. 이제는 분명히 말할 수 있습니다. 저를 수렁으로 끌고 가면서 저의 가정을 깨고 있던 분노와 낮은 자존감에서 해방되었다고요."

김○○은 용서하지 못하고 있는 자신의 모습을 깨달았습니다. 성폭행의 상처로 인한 마음 한 부분에 이미 절망과 삶의 포기가 있음을 알았습니다. 이러한 깨달음은 본인의 지적인 사고 분석으로 된 것이 아닙니다. 성령의 도우심 때문입니다. 그리고 이 사건에 대한 주님의 진정한 마음을 알게 되면서 주님이 주시는 위로로 그는 일어섰습니다.

이 두 분 외에 또 다른 자매의 이야기를 옮겨 보겠습니다.

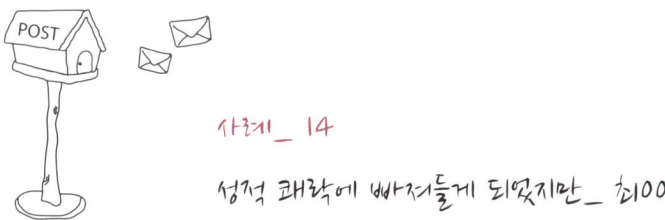

사례_ 14
성적 쾌락에 빠져들게 되었지만_ 최00

"초등학교 시절에 물놀이 가서 모르는 아저씨에게 성폭행을 당하고 동네 오빠에게 또 당했다. 그 시절에 그것이 수치스럽고 더럽게 생각되면서도 성적인 것에 탐닉하기 시작했다.

항상 자위행위에 대한 욕구가 강했다. 자위행위를 하며 죄책감에 시달리면서도 심리학의 이론을 내세우며 인간의 본능이라고 정당화시켰다. 드라마나 소설에서 성적타락이나 불륜관계가 나오면 정신이 나갈 정도로 화가 나서 그들을 정죄하며 더럽다는 비판을 쏟아냈다. 또한, 만나는 남자마다 가까이 오려고 하면 가차 없이 자르고 차기 시작했다. 남자들이 나를 좋아하는 김징에 짜증이 났다. 침을 수 없는 신경질과 분노가 폭발하면시 목소리만 들어도 기절할 것 같았다.

대학 졸업 후의 일이었다.

어느 날 교회에서 느닷없이 청년부 담당 목사님이 내가 좋다며 접근하기 시작했다. 너무 놀라웠고 극도로 긴장되어 수치스러운 과거를 들킨 것만 같았다. 목사님이 내 과거를 알아서 만만하게 보고 다가온 것 같아 미칠 것 같았다. 목사님은 나중에 스스로 감정을 절제하셨지만, 나는 거의 일 년 동안을 '내가 유혹한 것이 아니었나?'하는 죄책감 속에서 허우적거렸다. 내가 원래 성적인 것을 좋아해서 남자들을 유혹하여 다가왔다가, 그들이 나의 실체를 알고 난 뒤 떠나서 나쁜 소문을 낼 것만 같았다. 그러면서도 자위행위는 그칠 수 없었다. 자위행위를 하는 동안 만큼은 제발 하나님도 보지 않으시길 바랐다. 그리고 내가 숨기면 하나님도 모르실 거라는 생각도 들었다.

내 삶은 더욱 압박감에 짓눌리어 나를 산산조각 낼 것만 같았다. 그런 절망감 속에서 친구의 권유로 내적치유세미나에 오게 되었다. 나는 여기서 어떤 환상이나 하나님의 모습을 본 것은 아니었다. 하지만 그동안 저지른 성행위를 죄로 인정하고 용서를 빌었을 때, 아무 질책 없이 나를 용납하시는 주님의 사랑을 느끼고 너무나 감사했다.

또 강의를 들으며 내가 가해자만이 아니라, 피해자이고 상처를 받았다는 사실을 인정했다. 하나님께서 나를 용서하시듯, 나도 폭행한 사람을 용서했다. 그러자 주님이 나를 용납해 주신다는 것이 당연한 사실처럼 내 안에 인정되었다. 그러면서 압박감이나 초조감이 사라졌다. 이전에는 누가 내 과거를 알까 봐 가슴 졸이고 살았는데 이제는 '내가 이런 짓을 했다. 이런 돌멩이에 맞았다. 아팠었다.' 이렇게 말할 수 있을 정도로 과거의 아픔이 줄어들었다. 난 평생 당당하게 살 수 없을 것 같았는데 당당해지는 이 마음이 매우 기쁘다."

성령께서 온전히 치유하신다

　성폭행이나 죽음의 문제와 같은, 즉 과거에 이미 일어난 일이나 인간의 능력 밖의 사건에 대하여 사람들은 치유를 포기합니다. 그리고 어떤 답도 없을 거라고 여깁니다. 또 내적치유라는 것도 어디까지나 마음을 위로하는 종교적 프로그램 정도로 생각합니다. 그러나 내적치유가 다만 종교적인 위로에 그칠 뿐이고 생각을 바꾸는 심리치료에 그친다면 절대로 내적치유세미나를 개최해서는 안 됩니다. 앞의 사례에 나온 자매처럼 이제 겨우겨우 마음을 다스려서 과거의 아픈 사건을 망각하며 살아가는데 그 모든 문제가 드러나기만 하고 치유가 되지 않는다면 어떻게 되겠습니까?

　하지만 20여 년이 넘는 동안 정기적으로 내적치유세미나를 열고 있습니다. 그리고 세미나에 참석하셨던 분들이 가족과 친구를 연이어 보내고 있습니다. 이것은 바로 인간의 힘으로 해결할 수 없는 문제에 대하여 하나님께서 행하시는 실질적인 치유를 체험했고 보았기 때문입니다. 성령께서 행하시는 치유는 각 사람에 따라 매우 다양합니다. 그러나 성령께서 만지신 후의 공통적인 결과는 죽은 사람이 부활하듯이, 절망의 구덩이에 빠진 사람이 그 속에서 빠져나오고, 서서히 소망의 힘을 얻는다는 것입니다.

참석자들이 가장 힘들어하는 문제는 성폭행에 관련된 상처와 가족의 죽음으로 인한 고통이었습니다. 이 두 가지 모두 어떤 심리적 방법으로도 해결하기 어려운 문제입니다. 그러나 성령께서 행하시는 치유는 우리의 깨어진 마음을 온전히 회복시킵니다.

인간의 힘으로 해결할 수 없는 문제에 대한 성령의 역사를 생각해보기 위하여 자녀의 죽음을 겪고 그 고통에서 회복된 어머니의 사례를 적어봅니다.

사례_ 15
내 아이의 죽음을 넘어_ 0100

"저는 6살과 4살 된 아이를 둔 엄마예요. 어느 날 슈퍼를 갔습니다. 그런데 6살 된 아이가 제가 오는 것을 보려고 아파트 베란다로 나갔다가 땅에 떨어져 죽게 되었습니다. 아이가 제 눈앞에서 땅으로 '퍽'하고 떨어지는 것을 보았습니다. 저는 그날부터 도저히 살 수가 없는 사람이 되었지요. 친정어머니와 동생은 제가 무슨 일을 저지를까 봐 한 달이 넘도록 저를 지켰습니다.

매일매일 아이를 죽었다는 정죄감에 시달리며 아이가 떨어지는 장면이 지워지지 않아 잠을 잘 수가 없었습니다. 저는 신학까지 한 사람이었기에 자살할 수는 없어서 지나가는 차가 나를 치어주기만을 바랐습니다. 내가 믿었던 하나님은 어디 계실까? 아이를 잘 키워서 하나님 일을 하게 하려고 했는데 무엇 때문에 이런 형벌을 주시는 걸까? 이런 생각이 끝없이 이어졌습니다. 그러면서 나의 정신 상태는 와해되기 직전의 위험 상황에 이르렀습니다."

이러한 상태에서 그는 어떻게 절망을 딛고 일어설 수 있었을까요?

"이런 상황 속에서 제 눈에 띈 책이 있었습니다. 「내 마음속에 울고 있는 내가 있어요」란 책이었지요. 그 책을 읽고 나를 정죄하는 사단에게 풀려난 것을 체험한 저는 내적치유세미나에 참석했습니다. 그런데 이곳에서 어떤 강의도 들어오지 않았던 저에게 한마디 들리는 소리가 있었습니다. '무엇이든지 하나님께 솔직히 말해보라'고 강의하시는 분의 말씀이었습니다.

그때 저는 정말 어린아이처럼, 죽은 우리 아이가 보고 싶다고 말했어요. 그리고 그날 저녁 집회시간이었는데 예수님께서 저에게 걸어오시는 것을 보았어요. 그런데 예수님 옆구리에 누군가가 있는 거예요. 자세히 보니 제 아이였습니다. 예수님이 제게 가까이 오시자 '아마 내게 아이를 넘겨주시려나 보다'하고 생각했지요. 하지만 예수님은 아이를 저에게 주시지 않고 옆으로 내려놓으시는 거예요. 그리고 저를 안아주시더니 다시 아이 손을 잡고 돌아서 가시더군요. 한시도 저에게서 떨어지지 않으려던 아이였는데, 이상하게 저에게 오려고 하지도 않았습니다. 그리고 너무 평안하게 저를 보고 웃으면서 손을 흔들고 예수님을 따라가는 것이었습니다. 마치 먼저 가서 기다린다고 하는 것처럼요.

저에게 그 장면은 아이를 잃은 고통에서 벗어나게 해 주었습니다. 그렇지만 슬픔은 사라지지 않았습니다. 전처럼 지옥을 헤매는 듯한 절망과 고통은 사라졌지만, 여전히 마음은 너무나 슬픈 거예요. 그런데 주님이 분명히 말씀하시는 것이었습니다.

'나도 자식 잃은 슬픔을 알고 있다.'

주님의 그 말씀이 무엇을 의미하는지 알았습니다. 세미나에서 강의를 들으며 주님의 죽음과, 그 죽음에 대한 하나님 아버지의 마음을 알게 되었기 때문입니다. 저는 주님 말씀에 정신을 바짝 차렸습니다. 내 속의 이 슬픔을 하나님이 체험하셨다는 말씀 앞에서 다시는 저만을 위해 울지 않게 되었습니다. 그리고 그 대신 아이들을 위해서 일하게 되었습니다.

아이가 죽고 난 이후, 나 때문이라는 정죄감과 죄책감 그리고 하나님에 대한 원망과 두려움에서 빠져나올 길이 없었습니다. 그런데 그런 제 마음에 평강을 얻었습니다. 또 이 일로 인해 더 넓은 눈으로 인생을 보고, 제 할 일을 알게 되었으며 하나님 마음을 깊이 알게 되었습니다. 인간을 치유하시는 하나님 사랑의 능력은 너무도 실제적이었습니다."

불의의 사고로 어린 아들을 잃은 엄마의 마음은 이 세상 어떤 능력이나 지혜로도 치유될 수 없을 것입니다. 하지만 하나님이시기에 그분은 깨어진 엄마의 마음을 치유하셨습니다. 이러한 하나님께서 성폭행의 상처인들 치유하시지 못하시겠습니까? 인간을 만드신 그 하나님께서 말입니다.

하나님께서 개입하시는 마음의 치유는 표면적 감정을 진정시킨다든지, 아니면 세상은 덧없으니 모든 것을 다 잊으라는 위로나, 시간이 가면 해결된다는 방식의 차원이 아닙니다. 하나님의 치유는 상처로 인해 약해진 부분에 대한 실제적인 수술입니다. 현재의 나를 고통으로 끌어들인 과거 사건과의 실제적인 고통의 끈을 끊는 것입니다.

세상을 만드시고, 인간을 만드신 지혜와 능력의 그 하나님께서 우리가 어떤 사건으로 절망 가운데 빠졌을지라도 어찌 해결책이 없으시겠습니까! 그러기에 저는 분명히 말씀드립니다. 당신에게 어떤 상처가 있을지라도 반드시 치유될 수 있습니다. 그분은 고통스러운 경험으로 조각난 사람들의 마음을 구원하고 치유하기 위해서 오셨습니다.

> 나를 보내사 마음이 상한 자를 고치며 포로 된 자에게 자유를, 갇힌 자에게 놓임을 전파하며 (사 61:1).

세상의 보는 심리 지유는 한세가 있습니다. 고통의 원인은 과거에 일어난 분명한 사건 때문이지만 인간이 그 과거를 돌릴 수는 없는 일입니다. 성폭행당한 일을 어떻게 없는 일로 할 수 있겠습니까! 죽은 이를 어떻게 다시 살려올 수 있겠습니까! 그래서 심리치료의 최선은 사건을 망각하도록 하는 것입니다. 상처를 좋은 방향으로, 덜 괴로운 방향으로 생각하도록 노력하는 것입니다.

그런데 하나님 이름으로 일하는 사역자들이 마음을 치유하시는 성령님의 역사에 대하여 세속 심리학 정도의 수준으로 기대한다면, 성폭행이나 죽음의 문제와 같은, 인간의 인내 한계를 무너지게 하는 상처에 대하여 성령의 통로가 되지 못하고, 피상적인 도움만을 주게 될 뿐입니다. 이것은 진정한 하나님의 치유 수준이 아닙니다. 하나님은 그런 사역자들을 책망하십니다.

> 그들이 내 백성의 상처를 심상히 고쳐주며 말하기를 평강하다 평강하다하나 평강이 없도다 (렘 6:14).

성령께서 행하시는 치유의 역사는 한계가 없습니다. 예수 그리스도께서 십자가 위에서 우리의 모든 결박을 다 푸시고 우리에게 자유를 주셨습니다. 어떤 상처도 성령께서 치유하시지 못할 것은 없습니다. 무덤에 누인 것 같은 마음도 부활의 자리로 나올 수 있습니다.

성적인 상처 치유와 회복으로 가는 구체적 지침들

1) 사건의 고통으로 주님을 원망하고 주님께 책임을 묻는 어리석음에서 벗어나야 합니다.

하나님이 나를 지켜주시지 않고 방치했다는 오해와 원망을 버리십시오. 주님이 당신을 방치한 것이 아님을 굳게 믿으십시오. 그리고 그 사건으로 인해 하나님을 원망한다면 중단하십시오. 또한, 주님의 특별한 계획으로 당신에게 이런 일을 허락한 것이라는 억지로 짜 맞춘 합리화도 버리십시오. 주님은 사건에 대하여 당신보다 더 고통을 겪고 계셨으며 악에 대하여 분노하고 계심을 믿으십시오.

2) 사건의 상황을 직면하고 하나님께 말씀드리십시오.

다시는 생각하고 싶지 않고, 생각하면 미칠 것 같을 수도 있습니다. 그렇지만 성적 사건을 통하여 어둠의 세력으로 당신 마음을 결박하고 있는 악의 권세를 끊어야 합니다. 그러기 위해서는 반드시 그 일을 하나님께 말씀드리는 것이 필요합니다.

혼자서 기도하는 것은 매우 힘들 것입니다. 하지만 치유 기도로 당신을 도와줄 상담자를 찾지 못한다면, 당신 혼자서라도 이 기도를 해야 합니다. 성령님이 함께 당신 기도를 도우실 것입니다. 십자가를 지셔야 하는 그 날 밤, 예수님께서 곧 벌어질 끔찍한 일들을 마음으로 선명히 보시며 그 일을 위해 기도하실 때, 너무 힘들고 괴로워서 얼굴에서는 핏방울까지 떨어졌습니다. 그 주님께서 지금도 살아계셔서 기도하는 당신의 연약함을 도우실 것입니다.

이제 주님처럼 당신이 기도드리는 조용한 장소에 가십시오. 그곳이 집이라 해도 좋습니다. 그리고 당신 앞에 의자를 놓으십시오. 의자 위에 성경을 놓으시고 그 의자 위에 겟세마네 동산에서 기도하시는 주님이 당신을 돕기 위해 앉아 계심을 마음으로 생각해 보십시오.

주님은 어디든지 당신과 함께 계신다고 약속하셨습니다(마 28:20).

그 약속을 믿고, 당신 앞에 있는 의자 위에 주님이 앉아 계심을 생각하십시오. 그리고 주님께 고통스러운 상황을 말씀드리는 것입니다. 주의할 것은 당신의 고통으로 주님께 대적하는 마음을 가져서는 안 됩니다. 당신은 능력 있는데 그 상황에서 왜 나를 내버려 두셨냐는 식의 원망하는 마음을 따라가서는 안 된다는 것입니다.

분명한 것은 주님은 당신을 위해 십자가를 지신 분이십니다. 자신의 생명을 내놓기까지 최선을 다하신 분입니다. 당신이 이해할 수 없을지라도 어떤 상황이든지 주님은 최선을 다하고 계셨음을 믿으십시오. 그리고 악의 현장을 만든 것도 주님 책임이 아님을 믿어야 합니다. 당신은 피해자이시지만, 당신 몸이 피해를 볼 때 주님의 몸과 마음도 갈기갈기 찢겨나갔습니다.

만일, 주님에 대한 원망의 마음이 있다면 그것을 회개하고 원망하지 않겠다고 기도하십시오. 그리고 한나처럼, 그 상황이 마치 지금 벌어진 것처럼 말씀드리십시오. 혼자 중얼거리지 말고 누구에겐가 말하는 것처럼 소리 내어서 말하십시오. 이때 감정이 올라오고 미칠 것만 같을 수도 있습니다.

하지만 성경을 꼭 잡으시고 몸은 죽여도, 영혼은 죽이지 못한 어둠의 권세를 두려워하지 마십시오. 미칠 듯한 감정을 따라가지 말고 무시하면서 남의 일처럼 계속해서 주님께 그 상황을 말씀드리십시오. 혼자서 그 일을 회상하는 것이 아닙니다. 당신 앞에 계신 주님께 그 일을 말씀드리는 것입니다. 주님의 이름을 부르며 사건을 말씀드릴 때, 그 사건은 빛으로 드러나기 시작할 것입니다. 엄청난 살균력을 가진 하나님의 빛이 사건 속으로 들어오기 시작할 것입니다.

3) 사건의 현장 속으로 예수님을 초청하십시오.

다음에 기록된 성경 말씀을 크게 읽으면서 예수님께서 그 상황을 다스려 달라고 부탁하십시오.

주님, 복수하시는 주님, 복수하시는 하나님, 빛으로 나타나십시오. 세상을 심판하시는 주님, 일어나십시오. 오만한 자들이 받아야 할 마땅한 벌을 내리십시오 (시 94:1-2, 표준새번역).

여호와여 주께서 나를 감찰하시고 아셨나이다. 주께서 나의 앉고 일어섬을 아시며 멀리서도 나의 생각을 통촉하시오며 나의 길과 눕는 것을 감찰하시며 나의 모든 행위를 익히 아시오니 여호와여 내 혀의 말을 알지 못하시는 것이 하나도 없으시니이다. 내가 새벽 날개를 치며 바다 끝에 가서 거할지라도 곧 거기서도 주의 손이 나를 인도하시며 주의 오른손이 나를 붙드시리이다. 내가 혹시 말하기를 흑암이 정녕 나를 덮고 나를 두른 빛은 밤이 되리라 할지라도 주에게서는 흑암이 숨기지 못하며 밤이 낮과 같이 비취나니 주에게는 흑암과 빛이 일반이니이다 (시 139:1-4, 9-12).

내가 간절히 주님을 기다렸더니, 주께서 나를 굽어보시고, 나의 울부짖음을 들어 주셨네. 주께서 나를 절망의 구덩이에서 건져주시고, 진흙 수렁에서 나를 건져주셨네. 내가 반석을 딛고 서게 해주시고 내 걸음을 안전하게 해주셨네 (시 40:1-2, 표준새번역).

4) 가해자에게 품은 증오의 마음을 하나님께 넘기십시오.

어떻게 해야 가해자를 넘길 수 있을지 하나님께 여쭈어 보십시오. 그리고 하나님이 원하시는 대로 할 힘을 구하십시오. 가해자에 대한 복수의 마음을 주님께 드린다고 하십시오. 그분은 공의의 하나님이시며 심판의 하나님이십니다. 하나님은 가장 공정하게 끝까지 추적하시며 영원까지 심판하시는 분이십니다.

당신의 복수는 어떤 것입니까? 결국은 당신 자신을 괴롭히고 해만 끼치는 것뿐, 그 무엇이 남겠습니까? 어떤 식으로 가해자에게 복수한다 해도 당신의 상처는 사라지지 않습니다. 그러므로 복수를 하나님께 맡기라고 말씀하시는 것입니다. 그리고 가해자의 죄가 아니라, 가해자라는 인간을 용서하십시오. 그가 행한 악은 심판받겠지만, 그도 본래는 하나님께서 만드신 사람입니다. 하나님께서 심판하시겠다는 말씀을 믿으시고 가해자를 용서한다고 선포하십시오. 그를 위해서가 아니라, 바로 당신을 위해서입니다.

이 세상에는 일정한 법칙이 있습니다. 해가 동에서 떠서 서쪽으로 지는 것도 법칙이고, 바닷물이 움직이는 것도, 바람이 만들어지는 것도 법칙이 있습니다. 이렇듯 사람 안에도 생명의 법칙이 있습니다. 그것은 사람이 사랑하고 살 때만 건강하게 되는 법칙입니다. 이 법칙을 잘 따를 때 사람의 몸과 마음은 건강하게 되고, 그렇지 않을 때는 어떤 사람이라도 건강과 생명을 잃어가게 됩니다. 자신과 이웃을 사랑하는 사람은 건강하고 삶에 활력이 있습니다. 반대로 누군가를 미워할 때는 삶의 에너지가 사라져서 결국은 죽음의 증상이 나타나게 됩니다. 그래서 하나님은 우리에게 가해자를 용서하라고 말씀하십니다.

성경은 하나님의 이름을 복수하시는 하나님, 심판하시는 하나님이라고 일컫고 있습니다. 가장 공의롭고 가장 무서운 능력을 가지신 분이 악에 대해 철저하게 심판하십니다. 결코, 억울하게 끝나지 않습니다. 우리는 그 하나님을 믿으며 우리 안에 만드신 삶의 법칙을 지켜나가야 합니다. 당신은 그 사건을 잊을지라도, 하나님은 잊지 않으시고 가장 철저한 심판을 하실 것입니다.

원수 갚는 것이 내게 있으니 내가 갚으리라 하시고 또 다시 주께서 그의 백성을 심판하리라 말씀하신 것을 우리가 아노니 (히 10:30).

5) 사건을 통해 당신을 괴롭히는 악한 영을 예수님의 이름으로 대적하십시오.

예를 들면 악한 영은 당신 안에 다음과 같은 생각을 넣어줄 것입니다. 이것이 악한 영의 역사임을 믿고 대적하십시오.

"나는 절대 이 사건에서 벗어날 수 없어"

"이미 더럽혀졌는데 기도한다고 해서 무슨 소용이야"

"하나님이 그때는 도와주시지 않고, 이제 와서 도와주신다는 것은 웃기는 일이야."

"나는 그를 용서할 수 없어"

"하나님이 나를 보호하지 않아서 이런 일이 일어났어."

6) 당신이 행한 성적인 죄를 회개하고, 그것에서 벗어날 힘을 달라고 소리 내어 기도하십시오.

자신의 죄를 합리화시키지 마십시오. 당신이 행한 성적인 죄는 상처가 원인이 되었지만, 분명 당신 스스로 지은 것입니다. 상처받은 것은 당신 잘못이 아닐지라도, 그 영향을 받아 죄를 짓는 것은 철저히 당신 책임입니다. 하지만 어떤 죄일지라도 기도할 때 용서해 주십니다. 그것은 당신 죄가 가벼워서가 아니라, 예수님의 죽음이라는 엄청난 대가 때문입니다. 어떠한 죄라도 예수님의 보혈로 다 용서받을 수 있습니다.

7) 사건이 다시 떠오를 때마다 예수님께 당신의 수치를 가려 달라고 기도하시고, 정죄하는 사단을 예수님의 이름으로 대적하십시오.

다음의 말씀을 적어서 당신이 잘 보이는 곳곳에 붙여 놓으십시오. 그리고 괴로움이 밀려올 때마다 그 괴로움을 예수님의 이름으로 먼저 대적하시고, 이 말씀을 크게 읽으십시오.

> 가장 높으신 분의 보호를 받으면서 사는 너는, 전능하신 분의 그늘 아래 머무를 것이다. 너는 주님께 고백하기를 "주님은 나의 피난처, 나의 요새, 내가 의지할 하나님"이라고 하였다. 정녕, 주님은 너를 사냥꾼의 덫에서 빼내주시고, 죽을 질병에서 너를 건져주실 것이다. 주님이 그의 깃으로 너를 덮어 주시고 너도 그의 날개 아래로 피할 것이니, 주의 진실하심이 너를 지켜 주는 방패와 성벽이 될 것이다 (시 91:1-4, 표준새번역).

8) 할 수 있다면, 성숙한 상담자나 지체와 함께 이 문제에 대하여 기도하십시오.

위의 지침을 따랐으나 도저히 괴로움에서 벗어날 수 없다면, 바른 상담자를 만나게 해달라고 기도하면서 찾아보십시오. 조급하게 서두르지 마십시오. 진실하게 기도하며 찾아보시면 구하는 대로 주님께서 인도해 주실 것입니다.

만일, 당신이 가해자라면

　성폭행의 가해자는 상대를 죽인 살인자와 같습니다. 하지만 가해자 역시, 성적인 피해자입니다. 어쩌면 피해자보다 더 심각한 정신적 피해는 가해자 본인일 수도 있습니다. 가해자는 자신의 성을 더럽혔고 자신의 인격 안에 지울 수 없는 부정적 자아상을 이미 만들어 버렸습니다. 그리고 생각이 성적인 충동에 사로잡혀 성의 노예가 되기 쉽습니다. 밑 빠진 독에 물을 채우려는 사람처럼, 성적 욕구는 비정상적으로 커집니다. 온갖 악한 행동하는 상상이 머릿속에서 떠나지 않게 되고 마침내 성적 쾌락에 묶여 양심까지 마비되고 인생을 파괴해 갑니다. 또한, 정상적인 결혼생활에서 만족을 얻기가 어렵습니다. 결국은 온전한 가정을 이룰 수 없다고 말할 수 있습니다.

　죄의 행동은 물에 떠내려가는 것이 아니라, 영원히 몸과 마음에 남아 다음 세대까지 전가됩니다. 세월이 그 흔적을 지워주지 못합니다.

　만일 당신이 성적인 죄를 품은 채 결혼 한다면, 절대로 행복한 가정을 꾸려나갈 수 없습니다. 어떤 부분에서든지 문제가 생기기 때문에 철저한 회개가 있어야 합니다. 그래야만 그 죄에서 풀려날 수 있습니다. 용서하시는 분, 주님 앞에서 당신이 행한 모든 일을 고백하십시오. 어떠한 죄를 지었을지라도 진정으로 애통해 하는 사람을 주님은 외면하지 않으십니다.

어린아이를 성폭행했던 사람이 죄를 회개하고 삶을 돌이킨 후에 하나님의 훌륭한 사역자가 된 사람을 보았습니다. 하지만 죄를 숨기는 것은 마치 호주머니 속에 든 불씨와 같아서 언젠가는 그 사람을 태우고 말 것입니다.

어떤 이는 성폭행 당한 뒤에 삶이 파괴되어 오히려 가해자로 변해버린 경우도 있습니다. 하지만 그렇다 해도 죄를 합리화시킬 수는 없습니다. 세상 누구도 당신을 깨끗이 해줄 수 없고 용납할 수 없습니다. 그러나 주님만은 당신을 깨끗이 해주실 수 있고, 진실로 받아 주실 것입니다. 주님은 자기에게 오는 사람을 내쫓지 않는다고 하셨습니다.

정직하게 자신의 죄를 고백하십시오. 아무리 죄가 클지라도 진실로 새롭게 되기를 원한다면 당신은 새로워질 수 있고 깨끗한 신랑, 신부가 될 수 있습니다. 당신을 위해서 그리고 앞으로 태어날 당신 자녀를 위해서 오늘도 예수 그리스도의 십자가는 당신 앞에 있습니다.

염소나 황소의 피와 암송아지의 재를 더러워진 사람들에게 뿌려도, 그 육체가 깨끗해져서 그들이 거룩하게 되거든, 하물며 영원한 성령을 힘입어 자기 몸을 흠 없는 제물로 삼아 하나님께 바치신 그리스도의 피야말로, 더욱더 우리들의 양심을 깨끗하게 하여, 우리를 죽은 행실에서 떠나, 살아 계신 하나님을 섬기게 하지 않겠습니까? (히 9:13-14, 표준새번역).

하나님께서 원하시는 것은
은폐함으로 만드는
거짓된 안정이 아닙니다.
하나님은 우리가 고통스럽더라도
우리로 하여금
무슨 일이 벌어졌는지를 직시하게 하십니다.
하나님과 함께 바른 처리를 할 때
속사람이 고통의 구덩이에서
빠져나올 수 있기 때문입니다.

6장

성에 대한
잘못된 태도와 습관이
교정되어야 합니다

성에 대한 잘못된 태도와 습관이 교정되어야 합니다

만일, 우리의 삶에서 혼자 있을 때나 많은 사람이 볼 때나 별 차이가 없는 생활태도로 살아간다면, 참으로 자유로운 사람이라고 하겠습니다. 그러나 사람들 앞에 보이는 삶은 경건하지만, 실제로 개인적인 삶에서는 마치 딴사람처럼 습관적인 죄를 짓는 사람들이 있습니다. 이렇게 남에게 보이는 삶과 실제 삶의 차이가 클수록 정신건강은 황폐해집니다.

실제 삶의 모습을 추하게 하는 것은 대부분 성적인 것과 관련이 있습니다. 습관적 자위행위나 빠져드는 성적 공상, 음란물에 대한 탐닉, 무절제한 이성 교제 등입니다. 실제 이런 모습으로 살아갈 때, 혼자일 때는 남에게 보이는 삶과 차이가 클지라도 어느 정도 숨겨집니다. 그러나 결혼하면 자신의 은밀한 삶의 습관이 숨겨질 수 없기에 갈등요인이 됩니다. 그리하여 자신뿐만 아니라 배우자에게 큰 고통을 주고, 자녀에게까지 성에 대하여 잘못된 태도를 가지게 합니다.

잘못된 성적 습관을 갖게 된 원인

1) 성폭행

성폭행에 관해서는 앞에서 이미 설명되었습니다. 성폭행의 상처와 아픔은 잘못된 성적 습관을 만들어내는 원인이 됩니다.

2) 부모의 애정결핍

어린아이가 부모와의 관계에서 충분한 사랑을 경험하지 못했을 때 자위행위에 몰입하기도 합니다. 실제로, 아직 말도 못하는 아이가 자위행위처럼 기저귀를 마찰하는 행동을 보면서 음란한 영에 사로잡힌 게 아니냐고 걱정하는 부모가 있었습니다. 하지만 이것은 음란한 영에 사로잡힌 것이 아니라 애정 결핍으로 인한 행위일 수 있습니다. 어린아이가 무슨 애정결핍이냐고 반문할 수도 있습니다. 그러나 부모의 애정을 가장 필요로 하는 시기는 바로 유아 때입니다. 비록 말은 못하지만 아이는 오로지 엄마 아빠만을 바라보는 때이지 않습니까?

물론 부모는 아이를 사랑으로 정성껏 기른다고 하겠지만,

부부 갈등이나 부모의 미성숙 혹은 환경적 요인으로 인해 부모가 힘이 들 때, 아이에게 거절감을 느끼게 할 수가 있습니다. 대부분 부모는 자녀를 지극히 사랑한다고 합니다. 그러나 자녀들은 부모로부터 충분한 사랑을 느꼈다고 말하는 예가 많지 않습니다. 이렇게 유아기에 느낀 애정결핍이 그 후로도 충분히 채워지지 않는다면, 마음에 계속 남아서 잘못된 행동을 하는 원인이 될 수가 있습니다.

많은 여성이 실제적 성교를 원하는 것이 아니라, 단지 외로워서 자신의 몸을 내준다고 합니다. 한 여대생은 2년 동안 세 명의 남자와 성관계를 맺었습니다. 그리고 상대가 자신을 떠나갈 것 같은 두려움이 생기면 몸을 주어 필사적으로 관계를 유지하려고 했습니다. 그 학생은 아버지에 대한 부정적인 기억으로 가득 차 있었습니다.

아버지에 대한 증오나 원망이 커지면 아버지에게 사랑받기를 포기하고 원하지도 않습니다. 그러나 이것은 아버지라는 존재로부터의 사랑을 필요로 하는 마음 자체가 없다는 것이 아닙니다. '나는 아버지의 사랑이 필요하지 않다'라는 말은 자기 육신의 아버지 사랑이 필요 없다고 하는 것이지, 아버지라는 존재 자체의 사랑이 필요 없는 것은 아닙니다. 오히려 육신의 아버지를 싫어하거나 원망할수록 아버지의 존재에 대한 갈망은 더욱 커져서 일생이 아버지를 찾는 순례의 길이 됩니다. 그래서 아버지에게 기대하는 포근함, 든든함, 안아줌, 보호해 줌, 모든 일을 대신 해결해 줌…. 이런 모습으로 누군가가 다가오면 아무 정신없이, 그야말로 무작정 상대에게 빠지게 됩니다. 부적절한 관계일지라도 이성적 제지나 도덕성 혹은 신앙의 윤리 등 어떤 것도 그 감정을 이겨내지 못합니다. 부모에 대한 애정결핍으로 나타난 슬픈 모습입니다.

3) 외로움

외로움은 마음이 느끼는 통증이라고 할 수 있습니다. 외로움의 통증은 육체의 통증보다 훨씬 더 고통스럽습니다. 그저 감상적으로 느끼는 외로움이 아닙니다. 온 세상에 나 혼자 버려진 듯한 공포에 가까운 외로움입니다. 이러한 공포의 감정이 생길 때 우리 내부에서는 즉시 진통제를 찾게 됩니다. 이때 가장 흔하고 강력한 진통제가 성적인 충족감입니다.

수많은 사람과 심지어는 배우자와 자식 그리고 부모가 곁에 있지만, 그 관계 속에서 사랑을 받아들이지 못할 때 자신은 혼자라는 외로움을 가질 수 있습니다. 그래서 누군가를 만나면 외로움이 달래질 것이라는 희망을 버리지 못하고 끝없이 신기루를 찾습니다.

그러나 분명한 것은 천 명의 남자를 사귄다 해도, 삼천 명의 후궁이 있다 하더라도 외로움은 채워지지 않습니다. 외로움은 이성이 없어서 생기는 것이 아니기 때문입니다. 외로움은 죄악의 고향입니다. 외로움은 오직 나를 만드신 창조주의 사랑이 전해질 때 해결될 수 있습니다.

> 누구든지 목마르거든 내게로 와서 마시라. 나를 믿는 자는 성경에 이름과 같이 그 배에서 생수의 강이 흘러나리라 (요 7:37-38).

4) 깊은 수치심

인간은 하나님 형상을 닮은 인격체이기에 두 가지의 기본적인 욕구가 있습니다. 사랑의 욕구와 자신에 대한 가치, 즉 자긍심을 갖는 욕구입니다. 이 두 가지 욕구가 내부에서 충족되지 않을 때, 음식을 섭취하지 못하면 결핍 현상으로 육체가 죽어가듯이, 마음에 심각한 결핍 현상이 나타납니다.

수치심은 자긍심의 반대인 부정적 감정으로 자신이 쓰레기처럼 필요 없는 존재라고 느낍니다. 그래서 너무도 괴롭습니다. 이러한 통증으로 인해 성적 탐닉과 성적 공상에 빠져들어 고통을 잊고자 합니다.

5) 버림받은 거절감

누군가에게 인격적으로 무시를 당하거나 거절당하는 것처럼 사람의 마음을 찢는 일도 없을 것입니다. 실제로 세상이 악해질수록 서로를 거절하고, 무정한 마음으로 서로에게 상처 주는 일이 더욱 심해질 것이라고 성경은 말합니다.

어떤 청년이 괴로움을 표현한 말입니다.

"내가 혼자 있는 것이 괴로운 게 아니라, 내가 왜 혼자 있는가 하는 그 이유가 나를 더 괴롭게 한다."

화창한 토요일 오후 자취방에 혼자 있어도 이유가 다를 것입니다. 힘들게 시험공부를 하고 시험을 잘 끝낸 후, 못 잔 잠을 자려고 혼자 있는 시간은 얼마나 달콤하겠습니까? 하지만 실연을 당하거나 아무도 자신을 불러주지 않아서 혼자 있다면 그 시간은 안식의 시간이 되지 못할 것입니다. 누군가에게 거절당했다고 느껴질 때 마음의 괴로움은 너무도 큽니다. 더구나 상대가 자신에게 중요한 사람일수록 괴로움의 강도는 더욱 높아질 것입니다. 이러한 통증을 가시기 위하여 쉽게 사용하는 것이 잘못된 성적 행위입니다.

친구들에게 따돌림당한 소극적이고 내성적인 아이가 성적 공상에 빠지기 쉬운 것도 이러한 이유 때문입니다.

잘못된 성행위는 습관이 됩니다. 비록, 결혼하여 배우자가 있다 해도 한 번 습관화된 행위는 쉽게 고쳐지지 않습니다. 자신의 가장 깊은 아픔을 배우자에게 털어놓지 못하고 야한 동영상이나 음란물로 위로를 얻는다면 그 관계는 결코 건강할 수 없습니다.

6) 부모의 성생활을 본 경우

우리나라 부모는 대부분 자녀에게 성교육하기를 어려워합니다. 자녀들은 거의 매스컴이나 잡지 또는 친구를 통한 정보의 지식으로 혼자서 성을 판단하고 이해합니다. 그러나 이러한 정보는 대부분 하나님이 말씀하신 바른 가르침이 아닙니다. 인간의 눈으로 해석한 성적인 정보입니다 그래서 성이라 것이 지극히 거룩하고 아름다운 인격의 만남이며 주님의 선물이기보다는, 인간 본능의 동물적인 충동에서 나오는 비인격적인 것으로 오해하기 쉽습니다. 상담사례를 보면 부모의 성생활을 우연히 본 자녀가 성에 관하여 부정적인 영향을 받은 경우가 많습니다.

우리는 대를 이어 성에 대한 잘못된 정보에 노출되어 있고 세뇌되어 있기도 합니다. 성은 실제적인 우리의 삶입니다. 성생활은 영혼과 인격과 몸에 영향을 줍니다. 성을 부정적으로 인식하면서 성생활 한다는 것은 부부관계에서도 죄책감을 느끼게 할 수도 있습니다.

신앙생활을 처음 시작하면서 큰 은혜를 받고 기뻐하시던 분이 어느 날 주저하면서 고민을 털어놓았습니다. 남편과 부부관계를 하고 교회 나온 날은 죄스러워서 성경을 읽고 기도하는 것이 어렵다는 것이었습니다. 하지만 남편은 믿지 않는 이여서 자제할 줄 모르는데 이런 상황에서 계속 신앙생활을 열심히 할 수 있을지 자신이 없다고 말씀하셨습니다. 이것은 하나님이 말씀하시는 성에 대한 바른 교육의 부재에서 오는 생각입니다. 부모가 가진 성에 대한 인식은 자녀에게 그대로 전달됩니다. 자녀는 성에 대한 수많은 정보가 부족한 것이 아니라, 하나님 관점에서의 바른 정보가 부족하다는 것을 잊지 말아야 합니다.

특이한 사실은 하나님 관점에서 말하지 않는 모든 성에 대한 정보와 교육은 성을 낱낱이 해부할 수는 있으나 아름답고 거룩한 것으로 가르쳐 주지는 못한다는 점입니다. 우리에게 중요한 것은 인간의 성기에 대한 구조적 기능 설명이 아니라 왜 하나님이 성을 만드셨는지에 대한 바른 이해입니다.

성이 가지는 핵심, 이것이 빠진 성에 대한 모든 교육과 정보는 결국, 인간의 성행위가 단지 배설의 욕구와 다를 바 없는 동물적인 본능으로 인식하게 할 뿐입니다. 그리하여 성행위를 하는 인간이 동물같이 보입니다. 성을 이처럼 인식하는 자녀가 부모의 성행위를 볼 경우, 부모와 성행위를 하는 인간에 대하여 절대로 존경과 자긍심을 갖지 못할 것입니다. 부모의 일부를 동물처럼 보게 될 때 자신 역시 그렇게 볼 수밖에 없을 것입니다.

성관계는 참으로 은밀한 두 사람만의 인격적 나눔입니다. 그러므로 성관계가 노출되는 것은 절대 바람직하지 않습니다. 노아도 술에 취하여 자신의 벌거벗은 몸을 자녀에게 보이는 실수를 저질렀습니다. 그리고 그것을 말거리로 삼은 자녀에게 분노하였습니다.

> 가나안은 저주를 받을 것이다. 가장 천한 종이 되어서 저의 형제들을 섬길 것이다 (창 9:25, 표준새번역).

지금까지의 역사에서 가나안 종족은 너무나 비극적이며 처참한 처지에 있었습니다. 그리고 지금도 그 후손이 굶어 죽어 가고 있습니다. 노아의 저주가 그대로 이루어진 것이라면, 아비의 수치를 목격함으로써 일어난 영향이 너무나 엄청나지 않습니까? 부모는 이런 실수를 저지르지 않도록 주의해야 하며, 자녀에게 하나님 관점으로 성을 이해하도록 교육해야 합니다. 자녀 역시, 부모의 성행위로 인한 꺼림칙한 마음이 있다면 그것을 주님께 말씀드려야 합니다. 그리고 가나안의 셈과 야벳처럼, 다시 바른 태도로 부모를 공경할 수 있도록 기도해야 합니다.

한 자매는 말합니다.

"부모님이 저에게 하나님이 만든 성이 무엇인지 말씀하셨을 때, 저는 너무나 큰 기쁨으로 주님을 찬양했습니다."

성을 이렇게 말할 수 있는 것은 부모의 바른 교육이었습니다.

7) 성적으로 문란한 가정환경

부모라면 누구나 자식에게 문란한 성교육을 시키지 않을 것입니다. 하지만 자녀가 성적으로 타락하게 된 원인이 부모에게서 배운 경우가 많습니다.

한 남자의 경우, 자신이 어느 때부터 성을 탐닉하게 되었는지 기도하다가 하나의 장면이 기억났습니다. 아버지가 집에서 일하는 가정부를 성추행하는 장면이었습니다. 어린 나이에 아버지의 행동을 목격한 뒤부터 자꾸만 성에 대한 호기심이 생기게 되었고 결국, 수많은 여자와 성관계를 맺게 되었다고 합니다.

또 어떤 부인은 자신의 어머니가 과부가 되어 힘들게 살던 어느 날, 어머니가 낯선 남자를 집으로 데려와 함께 잠자는 것을 보았습니다. 그리고 그 후로 상대가 자꾸 바뀌는 것을 보았습니다. 부인은 어머니의 그런 행동이 너무나 싫었다고 합니다.

그런데 자신이 결혼하여 남편이 멀리 출장 가는 경우에 남자를 찾아 헤매는 자신을 보게 되었습니다. 부인은 밤에 아이들이 잠들고 나면 혼자 있는 시간을 견디기 어려워서 분명히 신앙을 가졌음에도 밖을 떠돌며 만나는 대상들과 너무나 쉽게 잠자리를 하였다고 합니다.

실제로 전도를 위해 나는 어떤 마을에 오랫동안 머문 적이 있었습니다. 그곳 가정을 방문하면서 접하게 된 충격적인 사실은 그 마을 가정 모두가 일부다처제 비슷한 모습을 하고 있었습니다. 그리고 그 자녀들 역시 특별히 그런 문제들이 많았습니다.

부모가 가진 도덕 기준은 자녀들에게 그대로 적용됩니다. 자녀가 부모보다 더 높은 도덕성을 갖기는 매우 어렵습니다. 성령에 대한 순종으로 깊은 신앙적 성숙이 없다면 부모에게 배운 도덕 기준을 따라가게 됩니다. 부모가 돈에 탐닉하면 자녀도 돈에 탐닉하게 됩니다. 부모가 잘못된 술수와 처세술에 능하면 자녀도 그것을 배우고 자랍니다. 우리는 자녀에게 더는 이러한 죄에 물든 도덕성을 전해주어서는 안 됩니다. 우리 대에서 죄의 유전이 끊어지도록 새로운 도덕을 세워야 합니다. 이 일은 먼저 깨달은 사람에게 책임이 있습니다.

이 글을 읽고 있는 당신이 거룩한 결심을 하시기 바랍니다. 당신 안에 예수 그리스도의 유전과 도덕성이 세워지도록 힘을 다하십시오. 그러면 자녀는 경건한 교훈을 받을 것입니다.

8) 매스컴을 통한 사단의 속임수

사단은 음악이나 영화와 드라마 등의 온갖 매체를 통해 잘못된 성적 태도를 아름답게 미화시키며 합리화시킵니다. 사회 유명인들의 잘못된 삶을 통해서도 마치 모든 것이 정상인 것처럼 이미지화시킵니다. 그러나 그 삶 뒤에 얼마나 끔찍한 현실이 존재하는지에 대해서는 보여주지 않습니다.

세상은 동성애자들이 늘어나면서 동성애가 정상인 것처럼 의식화합니다. 성적 타락을 부채질하며 이에 대하여 마땅히 가져야 할 죄책감까지도 희석시킵니다. 그러나 하나님께서 제시하신 바른 길이 아닐 때 그것은 인간의 영과 정신과 몸을 철저히 파괴하고 맙니다. 그리고 잘못되었음을 알았을 때는 이미 회복할 수 없는 죽음의 문턱에 다다랐을 것입니다. 우리는 바로 지금 멈추고, 바로 지금 돌이켜야 합니다.

고통이 올 때마다
성이라는 진통제를 쓰면 쓸수록
진통의 효과는 짧아져
자연히 더 강력한 진통제를 찾게 되고
결국
성에 대한 잘못된 행동으로 인해
삶은 망가집니다.

삶을 파괴하는 잘못된 성적 습관에서 벗어나는 방법

1) 진통제에 의지하는 것이 아니라 근본적으로 치료하겠다는 결심을 해야 합니다.

위에서 살펴본 대로, 건전하지 못한 성적 습관과 태도는 대부분 마음의 고통과 연결되어 있습니다. 성은 순간적으로 마음의 고통을 잊게 하는 마약과 같은 역할을 합니다. 그러나 진정으로 고통을 해결해 주는 바른 치료제가 아닙니다. 정말로 건강해지기를 원한다면 가짜 치료제를 버려야 합니다.

잘못된 성적 욕구가 생길 때 서둘러 충동 자체를 억누르려는 급급한 마음을 버리십시오. 아무리 자신을 학대하고 끊임없이 죄책감을 느낀다 해도 마음 깊은 곳에서 올라오는 성적 욕구를 이길 수는 없습니다. 해결책은 성적 욕구의 동기를 계속 생각해 보는 것입니다. 내가 왜 이런 행동을 하는지, 이러한 행위로 무엇을 얻고 싶은지 생각해 보십시오. 그리고 그것을 하나님께 정직하게 말씀드려 봅니다.

얌전해 보이는 한 학생이 자신은 하나님의 사랑이 도저히 믿어지지 않고, 체험되지 않는다는 고민을 털어놓았습니다. 나는 학생 안에 있는 죄책감의 그늘을 보았습니다.

"혼자 있고 무료할 때 무엇을 하며 지냅니까?"

학생은 갑자기 고개를 떨구고 눈물을 흘렸습니다.

그 학생은 아무도 없는 혼자만의 시간에 거의 자위행위를 하거나 성적 공상에 빠지고는 하였습니다. 그런 자신이 너무 싫고 죄책감이 느껴졌지만 갈수록 빠져나올 수 없었습니다. 학생은 부모님이 돌봐 주지 않는 어린 시절을 보냈습니다. 대학을 다니는 지금도 부모님 대신 어린 동생들을 모두 돌보아야 했습니다. 그러니 친구들과 마음 놓고 놀러 다니지도 못하고 학교에서도 거의 혼자였습니다.

"저도 부모님에게 어리광 부리고 싶고, 사랑받고 싶고… 너무 외로워서…."

극도의 외로움이 영혼을 찢어놓는 이유는 외로움은 혼자서 해결할 수 없는 문제이기 때문입니다. 내 힘으로 해결할 수가 없기에 우리의 내면은 절망을 느낍니다. 누군가 나 아닌, 다른 존재의 도움이 필요한데 그 누군가가 없습니다. 어쩔 수 없이 혼자서도 할 수 있는 것을 찾게 되겠지요. 자위행위나 성적 공상이 그 방법입니다. 사단은 이것이 죄가 아니라고 합니다. 그러나 아무리 죄가 아니라고 외쳐도 우리의 영혼은 혼자서 성적 놀음하는 자신을 혐오하게 됩니다.

학생은 자신이 음란한 사람이어서 계속 그런 충동을 느끼는 것이 아니라, 자신 안에서 타인과 사랑의 관계가 필요함을 인정하였습니다. 그리고 그것을 주님께 말씀드렸습니다. 주님은 성적인 문제가 있는 사람을 정죄하기 위해 오신 분이 아닙니다. 모두가 돌을 들어 치려 했지만, 주님만큼은 간음한 여자를 정죄하지 않고 대화하셨습니다. 수가성의 여인에게는 왜 남편이 다섯씩이나 있어야 했는지 알고 계셨기에 그 내면의 갈증을 풀어 주고자 하셨습니다.

외로움이라는 고통의 감정을 채워줄 치료제는 한 가지밖에 없습니다. 그것은 인간을 만드신 하나님에게서 옵니다. 하지만 그 치료제를 얻기 위해서는 먼저, 나 자신이 진통제를 버리는 결단이 필요합니다. 진통제만을 의지하는 한, 진정한 치료제를 먹을 수 없고 발견할 수도 없습니다.

> 내 백성이 범한 두 가지 죄는 생수의 샘인 나를 버린 것과 물을 담을 수 없는 터진 웅덩이를 스스로 판 것이다 (렘 2:13, 현대인의성경).

'물을 담을 수 없는 터진 웅덩이'는 인간의 외로운 마음입니다. 외로움의 웅덩이는 성적인 놀음으로 채워지지 않습니다. 그러나 세상은 성적 행위가 우리의 외로움을 채워준다고 선전하며 그러한 문화로 이끌어 갑니다.

잘못된 성적 습관에서 벗어날 수 있는 첫 단계는, 습관을 만들어내는 마음의 고통을 직시하고, 고통에 진통제만 바르는 행위를 그치는 것입니다. 그리고 왜 그런 행동을 하고자 하는지에 대한 자신의 목마른 상태를 주님께 간구합니다. 성적인 죄를 짓는 것은 인스턴트식품처럼 즉석에서 욕구가 해결되는 것 같아 손쉽게 행합니다. 그러나 주님께 간구하며 치유하심의 걸음을 따르는 일은 인내가 필요합니다. 기다림이 고통스럽지만, 반드시 정결하게 되는 길로 들어서야 합니다. 정결하지 않으면 아무도 주를 뵙지 못한다고 하였습니다.

2) 감정 충족의 마음을 포기하기로 결단합니다.

'한순간도 외로움을 느껴서는 안 돼!'
'절대로 혼자 있는 비참한 느낌을 맛보아서는 안 돼!'
'절대로 마음의 고통을 느껴서는 안 돼!'

혹시 이런 생각을 하고 있지는 않은지요?
그러나 언제나 기쁘고, 언제나 충족되고, 언제나 만족한 마음 상태를 유지하려고 하지 마십시오. 삶의 바른 습관을 만들어 가다 보면, 마음의 충만은 바르고 건강한 생활 속에서 자연히 따라오게 됩니다. 외로움이나 아픔과 같은 감정을 무조건 밀어내려 하지 마십시오. 그것을 통해 더욱 깊은 진리를 찾아가는 동기로 승화될 수도 있습니다.

마음이 힘들 때마다 감정을 달래주는 흥밋거리를 찾는 것이 삶의 습관이 되면 그것이 잘못된 성 습관으로 이어집니다. 그리고 삶은 더욱 비참해집니다.

3) 잘못된 성적 습관을 갖게 한 근본적인 원인을 찾아야 합니다.
다음 사례자의 이야기를 들어 봅니다.

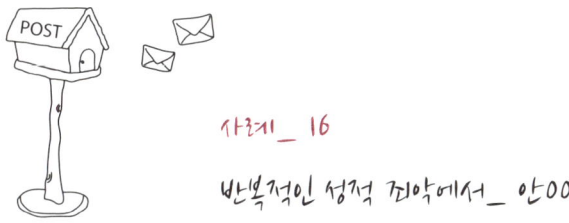

사례_ 16
반복적인 성적 죄악에서_ 안OO

"저는 목회자의 사모입니다. 그리고 상담학을 공부하고 있습니다. 저에게는 아무도 모르는 습관적인 죄가 있습니다. 그것은 성적인 죄입니다. 많은 사람과 성관계를 맺었으며 혼자 있을 때는 자위행위에 빠지고는 하였습니다. 사모인 나 자신이 이렇게 산다는 것이 스스로 생각해도 충격이지만 성적인 문제만큼은 변화되지 않았습니다.

고민하며 온갖 방법을 써 봤지만 또다시 기회가 생기면 죄를 범했습니다. 그러면서 제 몸에는 많은 질병이 생겼습니다. 이렇게 병까지 걸렸음에도 불구하고 똑같은 죄를 계속 짓는 저였기에 항상 낮은 자존감과 신앙의 기복이 매우 심했습니다. 다른 사람과 사귈 때도 극도로 좋아했다가 극도로 나빠지는 식의 교제였습니다. 저는 이러한 문제에 특별한 원인이 있지 않을까 하고 여러 심리학 서적을 읽으며 원인을 추측해보았습니다. 그렇지만 실제로 그 원인이 밝혀질 것이라고는 믿지 않았습니다. 그런데 우연히 참석한 내적치유세미나에서 주님은 죄를 반복하는 원인을 깨닫게 해주셨습니다.

저의 아버지는 제가 태어나자마자 암으로 돌아가셔서 얼굴조차 기억하지 못합니다. 제가 어릴 때, 어머니는 언제나 피곤한 얼굴이셨고 어머니가 편찮으셔서 저와 오빠를 짐처럼 여긴다고 생각하며 자랐습니다. 오빠는 걸핏하면 저를 구타하고 괴롭혀서 매일 엄마를 문밖에서 기다리고는 하였습니다.

언제인지는 기억나지 않지만, 어머니에게 남자가 생겨 우리 집에서 같이 살았습니다. 그 남자도 가정이 있었고 아이들도 있었습니다. 나는 그 사람이 박 씨였기에 나도 박 씨였으면 좋겠다는 생각이 간절했습니다.

그런데 어느 날, 그 사람이 나를 성적 대상으로 삼기 시작했습니다. 나는 그것이 잘못된 것인 줄 알았기에 괴로웠습니다. 그 괴로움은 중학교 때까지 이어졌습니다. 그리고 어느 날부터인지 그 사람은 다시는 오지 않았습니다. 그 후로 제 주위에는 항상 남자들이 있었습니다. 심지어 교회 형제들도 나에게만은 성관계를 요구했고, 전 거부하지 못하였습니다. 그러면서 신실한 그들이 나로 인해 죄를 범한다고 생각했습니다.

이런 삶은 오늘까지 이어져서 목사 사모가 되었는데도 여전히 똑같은 죄를 짓고 있었습니다. 용서받을 수 없다고 생각했던 저에게 주님의 깨닫게 하심이 있었습니다. 어릴 적에 잠깐 같이 살았던 가짜 아버지로 인해 너무나 왜곡되고 잘못된 아버지상을 가지고 있었습니다. 저는 그분이 나에게 언제나 잘해주고, 예쁘다고 칭찬해주어서 자기 친자식보다 나를 더 사랑한다고 생각했습니다. 그런 그가 나를 성적 대상으로 삼게 되자, 내 안에서는 아버지의 사랑과 성적인 요구가 동일시되었음을 알았습니다. 그래서 어떤 형제든지 신체 접촉을 요구하면 그것이 진실한 사랑처럼 믿어져서 거절하지 못했던 것이었습니다."

안00와 같이 삶에 결박처럼 중독성으로 반복되는 성적인 충동이나 습관이 있을 때는 이것이 만들어지게 된 개인적인 역사가 있는지 살펴볼 필요가 있습니다. 그렇다고 해서 과거의 상처 때문에 '내가 지금 짓고 있는 성적인 죄는 어쩔 수 없다'는 식의 핑곗거리로 사용해서는 절대 안 됩니다.

죄는 분명 '죄'입니다. 죄는 그냥 지나가지 않습니다. 죄의 자리를 처리하기까지는 너무나 많은 대가를 치러야 합니다. 성령께서 치유의 은혜를 주시는 것은 당사자가 진심으로 하나님께 간구하여 치료되고 정결하게 되기를 원하기 때문입니다. 그러할 때 성령께서는 이처럼 죄의 결박이 만들어지게 된 근본적인 뿌리를 드러내시고는 합니다.

안00의 경우는 아버지의 사랑과 남자의 잘못된 성적인 욕구가 같이 섞여 버렸다고 하겠습니다. 어머니와 오빠에게서도 충분한 사랑을 느끼지 못한 외로운 어린아이에게 아버지의 존재가 얼마나 필요했겠습니까? 그럴 때 아버지와 같은 존재가 나타났습니다. 더구나 그 남자는 안 씨를 귀여워해 주었습니다. 아이에게 그의 존재는 너무나 소중했을 것입니다. 그런데 어느 날 갑자기 아버지의 역할이 아니라, 성적 욕구를 채우려는 남자로 변하여 아이에게 다가갔습니다. 하지만 어린아이의 눈에는 여전히 어제의 아버지와 같은 그 사람이었습니다.

어린 안 씨에게는 한 사람 안에 있는 아버지와 남자를 분리할 능력이 없었습니다. 무엇인가 잘못되었다는 것은 알았지만, 무엇이 어떻게 잘못되었는지도 몰랐습니다. 자신이 피해자라는 것도 깨달을 수 없었습니다. 그러나 그 남자가 저지른 행동은 어린아이 안에 깊은 흔적을 남겼습니다. 사랑과 성에 대한 혼란이었습니다. 이 혼란은 그녀를 평생 따라다니며 남자들을 대하는 태도에 영향을 끼쳤습니다.

그녀는 신앙이 깊었습니다. 경건하게 살고자 했으며 목사 사모였습니다. 그러나 성적인 부분에서만은 일반 여성도 저지르지 않을 행위를 저지르게 되었습니다. 본인은 그런 자신이 너무나 싫고 괴로웠지만, 같은 행위가 반복되었습니다. 그는 하나님이 자신을 미워하고 심판하실 것이라는 정죄감 속에 살았습니다. 그러나 성령께서는 그녀 자신을 이해하게 하시고 결박을 풀어 주셨습니다. 성적인 죄를 짓는 습관에서 도저히 빠져나올 수 없을 때, 자신이 어떤 삶을 살아왔는지 개인적인 생애를 돌아보는 것은 참으로 중요합니다.

잘못된 성적 습관은 세상 심리학과 정신의학으로 진단은 될 수 있을지 모릅니다. 그러나 완전한 치료는 불가능하다고 저는 단언합니다. 약물요법과 적응훈련을 통한 고통의 완화는 완전한 치유가 아닙니다. 인간이 인간을 치료하는 것은 한계가 있습니다. 그러나 만일, 인간을 만드신 분이 치유하신다면 어떻게 되겠습니까? 기독교의 삼위일체 하나님은 사람을 창조하신 분이기에, 왜 인간의 마음이 고장을 일으켰는지 아시며, 치유하실 능력이 있습니다.

더구나 예수 그리스도께서는 고장 난 사람을 치유하시는데 전심을 다 하셨습니다. 자신의 몸을 사랑으로 희생하셨습니다. 그리고 성령을 보내시어 성도를 구원하시고 도와주십니다. 성경에 나와 있는 인물은 모두 죽었습니다. 주님은 과거에 묻힌 성경의 죽은 사람들의 하나님만이 아니라, 지금 살아 있는 나와 당신의 하나님이십니다. 그래서 우리는 온전한 치유를 말할 수 있고, 기대하고 연구할 수 있습니다. 그러나 주님의 치유하심 자리에는 나의 명함과 가면과 허세를 버리고 가장 정직하고 겸손한 자세로 나아가야 합니다.

오랫동안 많은 사람과 큰 기관의 영적 지도자로 살아온 한 사람의 진솔한 고백을 소개하고자 합니다. 그분은 자신의 이름과 명예를 뒤로하고 많은 청중 앞에서 고백할 수 있는 이유를 말씀하셨습니다. 그것은 자신의 문제가 해결되었음을 확신했고, 하나님의 사랑에 대한 감사와 자유로움이 수치심보다 더 컸기 때문이라고 하셨습니다.

나는 이분의 고백을 들으며, 이분만큼 거룩함에 목말라하며 정직하고 겸손한 태도를 가진 분을 만나기가 쉽지 않다는 생각이 들었습니다.

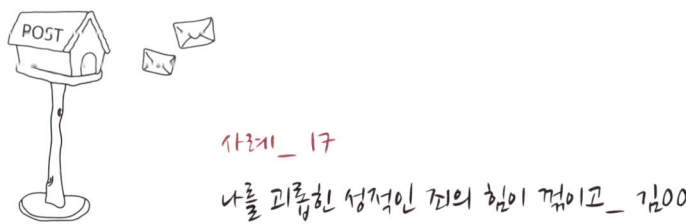

사례_ 17
나를 괴롭힌 성적인 끼의 힘이 꺾이고_ 김00

"목회 사역 이십여 년 동안, 치유에 관한 사모함을 가지고 심리학과 상담학에 대한 공부를 많이 했습니다. 그 결과 많은 부분에 변화가 있었고 수많은 성도를 도울 수 있었습니다. 하지만 내 안에 한 가지 해결하지 못한 문제로 인해 불안이 있었는데 그것은 성적인 갈등이었습니다. 사춘기 때부터 가졌던 갈등이 나이가 오십이 지나고 사회적인 위치가 지도자임에도 불구하고 여전히 변함이 없었습니다.

나는 이 문제를 풀기 위해 7일 이상 되는 장기 금식을 120일간이나 하면서 나 자신을 닦달했습니다. 하지만 내 삶은 변화되지 않고 기회 있을 때마다 튀어나와 나를 넘어지게 했습니다. 또한, 영적 성숙을 위한 각 기관의 집회에 참석하며 순례의 길도 걸었지만, 성적인 문제를 극복하는 힘을 얻지 못했습니다. 그러던 중 「내 마음속에 울고 있는 내가 있어요」라는 책을 접하고 그 책을 쓰신 저자가 주최하는 내적치유세미나에 참석하게 되었습니다.

주의 종으로 성결과 거룩의 은총을 달라고 기도하는 중에 그간 대수롭지 않게 생각되었던 어린 시절의 한 장면이 생각났습니다. 학교 가기 전에 제가 오줌을 자주 쌌는데, 아버지는 그날도 오줌 쌌다고 곡식 까부르는 키를 뒤집어쓰고 옆집 가서 바가지에 소금을 얻어오라고 시켰습니다. 기억조차 희미했는데 기도 시간에 그 장면이 생각났습니다. 그러면서 수치심 같기도 하고, 가슴이 송곳으로 찌르는 것처럼 괴롭더니, 참을 수 없는 오열이 꺽꺽거리며 터졌습니다. 한참을 울면서 무언가 제 안에 돌아다니던 조각들이 갑자기 맞춰지면서 환하게 깨달아졌습니다. '아! 이 사건이 바로 나의 성적인 탐닉과 청소년기의 자위행위, 결혼 이후의 성적 방황과 음란 영화 탐닉 등의 뿌리였구나!' 그것이 보인 순간, 주위에 사람이 없었다면 온 세상이 떠나가라 소리치고 통곡했을 것입니다.

저는 주님에게 수치스러운 그 시간에 어디 계셨느냐고, 정말 그때에도 나를 알고 계셨느냐고 여쭈었습니다. 이것은 제가 목사이기에 또 그동안 상담학과 심리학을 공부했기에 던지는 질문이 아니었습니다. 어린 제가 빠져버린 수치심의 웅덩이 속에서 너무나도 절실히 빠져나오고 싶었기에 주님! 주님! 하고 불렀습니다.

그때 내 머릿속에 뚜렷한 영상이 떠올랐습니다. 주님이 형님 같은 나이로 다가오시더니 오줌으로 축축한 내 바지를 벗겼습니다. 그러시더니 당신의 바지를 벗어서 저에게 갈아 입혀 주시는 것이 아니겠습니까! 그리고 당신의 등 뒤에 나를 숨으라 하시고 주님께서 소금을 얻으러 가시는 것이었습니다. 내가 전혀 상상할 수도 없는 영상이었고 주님의 모습이었습니다. 그러나 그 영상을 보면서 그분이 주님임을 분명히 알 수 있었습니다. 이 영상을 보며 얼마나 울었는지요. 그때 말씀이 들려왔습니다.

'네 아비는 잘못된 사랑으로 너에게 수치심을 주었지만, 나는 너를 잔잔한 사랑으로 안아준다. 나는 너를 자랑스럽게 사랑한다. 네가 그토록 성적인 방황을 하는 순간에도 나는 너를 떠나지 않았고 너를 이해했단다.'

그리고 뒤이어 또 다른 장면이 이어졌습니다. 벌거벗은 수치심으로 떨고 있는 나에게 주님은 당신의 겉옷을 벗어주시고 내 앞에서 벌거벗으셨습니다. 피 흘린 두 손으로 주님 자신의 아랫도리를 가리고 수많은 사람의 수치와 비웃음과 돌팔매를 맞고 계시면서도 나를 등 뒤에 가리고 계시는 모습이었습니다. 그리고 나는 그 주님의 뒤에 숨어서 수치의 십자가 뒤를 따르고 있는 장면이었습니다.

'난 이제 벗어났어! 죄의 힘은 꺾어졌어!' 그 모습을 보는 순간, 내 속에서 강한 확신이 분명하게 자리를 잡았습니다. 평생 내 속에 자리를 잡은, 성적인 욕망과 수치심으로 나를 두렵게 했던 모든 죄의 힘이 꺾어졌다는 확신이 들었습니다.

성적인 생각이 다시 떠오를 때마다, 나 대신 벌거벗은 몸으로 수치를 당하시고 내 앞에 가신 주님의 모습을 생각할 수 있게 되었습니다. 이제 정말 거룩한 종으로 진리로 죄에서 자유로움을 찾았습니다."

4) 정결하게 되는 방법을 삶 속에서 실천해야 합니다.

치유의 경험을 한 이후에 성적인 충동을 다시 느끼거나, 과거의 죄를 짓고 싶은 마음이 다시 생길 수도 있습니다. 그럴 때 잘못하면 오해할 수가 있습니다.

'주님이 나를 치유하시고 나를 새롭게 하신 것이 아니었나? 나를 치유하셨다면 내 안에서 다시는 이런 마음이 생기지 않아야 하는 것 아닌가?' 이러한 오해로 치유에 대한 의심에 빠지면 계속해서 성숙으로 나아갈 수 없습니다.

성령께서 행하시는 내적치유는 위로가 아니라 수술입니다. 눈에 보이지는 않지만, 분명하고 실제적인 사건이 일어난 것을 믿어야 합니다. 분명히 성령께서 행하신 역사일지라도 우리의 기억 속에는 여전히 예전의 경험이 남아있습니다. 그리고 사단은 이를 소재로 유혹의 마음을 일으킬 수 있습니다. 하지만 당신이 치유의 시간을 가졌다면 이제 당신 안에 새로운 힘의 씨앗이 생겼습니다. 계속해서 당신 속사람이 달라졌다는 것을 믿고 의식화해야 합니다.

치유 전에는 죄의 유혹과 생각이 들어오면 그 힘이 너무 강했습니다. 사고력을 마비시킬 만큼 잡아끌어 결국 성적인 노예로 만들었습니다. 하지만 치유 후에는 그 힘이 현저히 약해진 것을 느낄 것입니다. 마음만 먹으면 얼마든지 무시해 버릴 수 있을 만큼 점점 더 작아진 유혹입니다. 그러나 우리가 죽을 때까지 우리 안에 옛사람의 소욕이 남아서 성령의 소욕을 거스른다는 것을 잊지 마십시오.

거듭난 사람 안에 여전히 남아 있는 옛사람의 기억이 존재하기에 사도 바울도 누가 이 사망의 몸에서 나를 자유롭게 할 수 있느냐고 로마서 7장에서 토로합니다. 그러나 사도 바울의 고백은 절망의 탄식으로 끝나지 않습니다. 환희에 찬 승리의 방법이 있습니다. 죄의 갈망에서 벗어나 완전한 자유에 이르는 인격 변화의 길이 있습니다. 그것은 바라봄의 법칙입니다.

무엇을 바라보는 것일까요?

바로, 예수 그리스도와 십자가를 바라보는 것입니다. 주님을 계속 바라보게 될 때, 인간의 마음에 죄의 힘이 약해지는 놀라운 작용이 일어납니다.

인간의 속사람은 자아의 눈에 비친 것을 재생산해 냅니다. 많이 보고, 많이 생각하는 것을 닮아 가도록 창조되었습니다.

그러므로 우리의 마음이 계속해서 선하신 예수님을 깊이 바라보고, 자신 안에 살아계신 예수님을 계속해서 바라볼 때 우리의 내면은 점점 성결해져 갑니다. 오랫동안 습관화된 악습이 뿌리가 잘린 후에는 이 방법으로만 온전히 해결될 수 있습니다. 성에 관한 중독의 힘도 예수님을 바라볼 때 주어지는 성령의 능력으로 온전히 다스려질 수 있습니다.

하나님은 모세에게 친히 쓰신 '사람이 의롭게 되는 방법'이 적힌 돌판을 주셨습니다. 하지만 아무도 그 방법을 따르지 못하고 모두 실패하였습니다. 인간의 마음 안에서 잡아끄는 죄악의 갈망이 너무도 컸기 때문에 계명대로 살고 싶었으나 살 수 없었습니다. 인간의 마음판에 이미 새겨진 죄악의 욕구가 하나님이 제시하신 계명을 따를 수 없도록 사람을 끌고 다녔습니다. 하지만 하나님의 법이 인간의 마음 안에 새겨질 때 우리는 악습을 이길 힘이 생깁니다.

변화의 중요한 핵심은 마음판이 새로워지는 것입니다. 어떻게 마음판이 새로워질 수 있을까요?

이것은 세상의 인성교육이나 심리치료로 되지 않습니다. 오직 예수님을 묵상하고 바라볼 때 마음판이 새로워지는 놀라운 변화가 일어납니다.

예수님을 바라본다는 것은 구체적으로 어떻게 하는 것일까요? 사람마다 방법은 다를 수 있으나 핵심은 예수님께 생각을 집중하는 삶을 계속 실천하는 것입니다. 성경에 예수님에 관한 묘사와 행적, 그리고 그분의 말씀을 읽거나 외우고 묵상하는 방법, 혹은 살면서 여러 가지 결정을 내려야 하는 순간에 예수님이라면 이럴 때 어떻게 하실지 생각해보는 습관, 혹은 지금 내 옆에 예수님이 함께 임재하신다는 인식을 계속해보는 습관이 예수님을 바라보는 구체적 방법이 될 수 있습니다.

우리 마음의 눈을 주님께 고정하는 연습을 계속하는 것입니다. 이것은 주님에 관한 일에 마음의 눈을 고정하는 것과는 다르다는 것을 기억하십시오. '주님'이 아니라 '주님의 일'에 마음을 고정할 때는 내면적 변화가 일어나지 않습니다. 주님의 일은 많이 하지만, 주님과는 전혀 닮지 않은 그리스도인이 있습니다. 이는 그의 시선이 주님이 아니라 다른 것에 고정되어 있음을 보여주는 예입니다.

이상으로 잘못된 성적 습관과 충동에서 벗어나는 구체적인 방법을 제시하였습니다. 이 방법은 임상현장에서 사람들에게 적용했을 때 실제로 그들 삶 속에서 변화를 경험한 것이며, 성경이 제시하는 방법입니다.

변화될 수 있습니다.
새로워질 수 있습니다.
성에 대하여 순결하고 바른 습관을 갖는 것은 거룩한 모든 행위의 기초이며 행복한 가정의 기반입니다.

글을 마무리 하면서

    성서적 내적치유는 나를 찾아가는 긴 여정입니다.
    나를 찾는다는 것은 자기중심주의 사고를 갖는다는 의미가 아니라 하나님께서 만드신 자신의 바른 정체성을 갖는다는 의미입니다.
    현대인은 어느 때 보다 자신에게 집중하며 자기 안의 욕구에 예민하지만 자신이 누구인지에 대해서는 더욱 무지해져 가고 있다고 보입니다. 이로 인하여 현대인은 자신의 삶 가운데 악을 이길 힘이 없으며 목표지향적인 삶보다는 감각적으로 살아가게 됩니다. 이처럼 자신에 대한 바른 정체성이 세워지지 않을 경우, 일상에서 일어나는 작은 사건에도 민감하게 반응함으로써 마음이 크게 흔들리고, 흔들림은 고통이 되고, 고통은 마음의 상처를 더 무겁게 합니다. 다시 말해서, 바른 정체성이 확립되지 않는 사람들은 삶의 중심을 잃게 되고, 누구나 겪을 수 있는 소소한 일에도 그 감정에 휘말리게 되어 결국 심한 상처를 받게 된다는 것입니다.
    이 책은 행복한 결혼을 이루기 위하여 실질적인 결혼 문제에 관한 해결책을 제시한 글입니다. 하지만 이는 결국 하나님께서 만드신 내 본연의 모습을 찾아가는 여정이며, 성서적 내적치유는 이 과정을 돕기 위한 길잡이가 됩니다.

어떤 밭에 귀한 보화가 묻혀있다는 소문을 듣고 자신의 전 재산을 팔아 그 밭을 샀다면, 밭 속에 감추어진 보화를 찾아내기 위하여 땅을 파헤치는 과정이 필요합니다. 그러나 그 과정은 절대 쉽지 않습니다. 온몸이 흙투성이가 되고 땀 흘리며 온갖 노력을 기울여야 합니다. 보화를 찾을 때까지 자신의 온 심혈을 쏟아 정성을 다하며 인내하는 과정을 반드시 겪어야만 합니다. 그렇지만 그 땅에 귀중한 보화가 묻혀있다는 사실을 분명히 알고 있다면, 보화를 덮고 있는 흙과 온갖 더러운 쓰레기가 아무리 많이 뒤섞여 있더라도, 그 흙과 쓰레기를 파내야 하는 수고를 힘들다고 여기지 않을 것입니다. 그리고 보화 캐내는 일을 절대로 포기하지 않을 것입니다.

이처럼 밭에 감추어진 보화를 찾기 위한 과정이 나를 찾아가는 여정입니다. 보화를 덮어버린 흙과 쓰레기는 우리가 살아오면서 마음의 상처로 수난을 겪었던 자신의 고통이나 아픔과 같은 것입니디. 그러니 상처로 망기진 우리의 미음 깊은 곳에 찬란히 빛나는 창조주의 형상이 있습니다. 사랑이 솟아나게 하는 놀라운 능력이 우리 안에 있습니다. 그리고 그 아름다운 보화가 각 사람의 유일한 개성과 정체성으로 빛을 냅니다.

나를 만드신 창조주 하나님을 향한 나의 기쁨은 내가 나를 바로 알게 될 때, 비로소 온전히 울려 퍼집니다.

과연 나는 어떻게 하면 행복한 가정을 이루고 아름다운 결혼생활을 영위할 수 있을까?

하나님께서 나에게 원하시는 삶은 과연 어떠한 삶일까?

이 모든 질문의 답은 나를 찾아가는 여정 속에서 얻어집니다. 나를 찾아가면서 하나님께서 주신 온전한 나의 인격체로 완성되어 갑니다. 당신의 마음 밭에 숨어있는 귀한 보화를 찾아가는 여정은 미래에 신랑 신부가 될 당신에게, 혹은 현재 결혼생활에서 아픔을 겪고 있는 당신에게 진정으로 도움이 될 것입니다. 행복한 결혼생활을 영위하는 주요한 이정표가 될 것이며, 하나님께서 이끄시는 대로 풍성한 삶을 누리게 되는 아름다운 여행길이 될 것입니다.

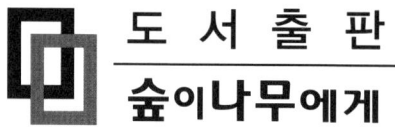

결혼 전에 치유받아야 할
마음의 상처와 아픔들

2001년 12월 15일 초판 발행
2014년 8월 1일 32쇄 발행
2021년 1월 20일 개정증보판 8쇄 발행

지은이 | 주서택
펴낸이 | 김선화
펴낸곳 | 숲이나무에게

주소 / 충청북도 청주시 서원구 내수동로 137
전화 / (043) 272-1764   팩스 / (043) 263-5833

홈페이지 www.innerhealing.or.kr

등록 / 제 572-2015-000014호
등록년월일 / 2015. 3. 27

잘못 만들어진 책은 바꿔 드립니다.   값 12,000원
본서의 판권은 숲이나무에게에 있습니다. 무단 전재 및 복제를 금합니다.

ISBN 979-11-955405-1-8